歴史文化ライブラリー
236

読みにくい名前はなぜ増えたか

佐藤稔

吉川弘文館

目　次

変わってゆく名前――プロローグ

子に名をつける

私の職場の同僚に、三人の男の子をちょうどいい間隔で授かった人がいる。子どもの名前を教えてもらったら、それぞれ「尭」「舜」「睦」ということだった。読みは〈たかし〉〈しゅん〉〈あつし〉ということだった。字面《じづら》で「尭」「舜」と来れば、古代中国の聖人にあやかったものと考えられたので、その命名の意図を訊ねたところ、その通りとの答えで、最初の子はスケールの大きな人間にという願いをこめて、字典で訓読みを探し当てて〈たかし〉と決めた由。「尭」の次は「舜」、という選択は楽だったそうだが、適当な訓読みが得られなかったので、そのまま音読みを採用したとのこと。確かに〈むくげ〉とか〈あさがお〉では、上の子の名とのバランスをひどく損なうことが考えられる。三番めの子が生まれたときには少し悩んだという。上二人が聖人の名にあやかってつけたのだから、そのままその方針を貫けばよいようなものの、そうはいかなかった。「禹」は、常用漢字表にも人名用漢字別表にも入っていなかったのだ。もし入っていたとしても、〈う〉では、いかにも日本人離れした印象を与えるので、採用できないと感じていたそうである。そこでどうしたのかを訊《き》いてみると、聖人の名にあやかることは諦め、運勢上よいとされる漢字の画数と、よい響きの（答えてくれた同僚の言によると、「丸っこい」）〈あつし〉という訓の形とを組み合わせることにしたのだそうである。名づけの指南書によると、この同僚の苗字に対しては、八画か十三画の字の名が望ましいとあったので、辞書の音訓索引によって〈あつし〉の訓をもつ漢字をリストアップしたうえで、これと思う「睦」に決めたのだという。

子の名づけに当たって多くの親たちが採る行き方は、これと大同小異ではないかと思われる。調べる字書の種類をもっと増やせば、「舜」に〈ひとし〉のような名がつけられることがあり得たかもしれないが、それは親の都合による。私にとって印象的だったのは、けっこう字画にこだわっているという事実であった。それも、名づけ指南書にいう吉凶に大きく影響を受けているという点である。吉とか凶とかという判断を何に基づいて行っているのかという根元的な疑問には、ほとんどの名づけ指南書は答えていない。過去の運勢判断に用いてきた「蓄積」を利用しているということであろう。それは一つの主張であり、信仰でもあり得るが、科学的裏づけのあってのことだとは思えない。漢字圏の文化を一歩外へ踏み出したら、字画の善し悪しなど問題外であろう。

人の名を話題にしたら、おそらくこうした類で尽きることがないであろうし、いろいろ切実な問題をはらんでいる。この過去・現在に一瞥《いちべつ》を加え、未来のあるべき姿について少し思いをいたしてみよう。

子どもの名前が読めない

いつの世でも人の名は読みにくいものである。しかし、近年の読みにくさはどうしたことであろう。これは何も私一個人の感想に留まらない。おそらく、実際の例を目にしたら誰でもそういう実感を抱かざるを得ないと思う。

試みに、地方紙に掲載された新生児の名を「解読」してみていただきたい。命名者の意図した読み（＝正解）はその後でカッコに示すことにするが、意図したとおりに第三者に読めるものかどうか。七割程度でも読めたとしたら、あなたは「時代の通」であるといってよい。

01祥輝　02孝太朗　03莉暖　04颯汰　05真紘　06心遙　07柚希　08拓海　09大榛　10涼
太　11弦太郎　12苺子　13知寛　14若奈　15世羅　16央真　17悠太郎　18瑛汰　19哉斗
20弘介　21陸汰　22湊羽　23萌愛　24愛大　25夏乃　26啓太　27光希　28陽生　29悠斗
30佳輝　31響笛　32和　33泰知　34彩咲　35亜依　36吏歩　37優　38蓮　39来愛　40悠
花　41紗良　42美保　43凛　44咲希　45優　46豪　47結月　48爽太　49汰洋　50遥将
51愛華　52愛子　53亮介　54美羽　55一冴　56空　57大貴　58颯人　59七美　60こころ
61煌大　62治人　63茅乃　64ひなな　65珠菜　66和美　67一花　68直哉　69愛奈　70こ
ころ　71真央　72陸　73果音　74幸虹　75魁生　76航生　77美海　78怜菜　79太郎　80
結夏　81杏　82巧真　83七優　84涼太郎　85太翔　86央晄　87悠友　88煌毅　89琉音
90優夏　91結　92琉登　93柊也　94駿太　95和真　96知尋　97剛志　98啓太　99奏　100
蒼海　101柊悟　102大葵　103瑠人　104尚　105菜瑠　106妃莉　107楓　108龍輝　109真洋　110凌
空　111日向葵　112倖聖　113日夏多　114陽来　115夏歩　116英人　117瑛希　118琉翔　119吏玖
120花　121彩葉　122歩花　123煌生　124慎之介　125虎太郎　126広斗　127南々星　128陽那　129
陸翔　130沙樹　131百華　132真輝　133叶夏　134瑶　135晴太郎　136桧埜　137龍之介　138蒼斗
139希羽　140凛実　141泰心　142理央　143紗貴　144有雅　145琢心　146杏菜　147櫂人　148平羅

149永花　150陽久　151修斗　152遥空　153希紗　154風花　155聖矢　156日彦　157光琉　158翔馬
159知洋　160純平　161修迅　162ひとみ　163可帆　164陽菜　165寧々　166海斗　167夢　168優真
169娃心　170莉沙　171来夢　172優冴　173晴空　174姫夏　175夏央　176聖弥

以上、普段購読しているわけではないが、たまたま目にする機会があった東北地方のローカル紙の、二〇〇六年八月十九日付「お誕生おめでとう」コーナーに掲載された、同年七月一日から七月三十日までの一か月分を掲載順に示した。かな書きだけの名も挙げてあるが、漢字でつけられた名前の方の読みにくさは半端ではない。

どう読めというのか

命名者が意図した名前は、順に示すと次のようになる。これが「正解」ということであるが、小中学校で学習する国語の問題を解くのとは、ずいぶん印象が違うはずである。

01よしき　02こうたろう　03りの＊　04そうた　05まひろ　06こはる＊　07ゆずき＊
08たくみ　09たいしん　10りょうた　11げんたろう　12まいこ＊　13とものり　14わかな＊　15せいら＊　16おうま　17ゆうたろう　18えいた　19かなと　20こうすけ　21りくた　22みう＊　23もえ＊　24あいる　25なの＊　26けいた　27みつき　28ひろき　29

ゆうと　30よしき　31ひびき　32やまと　33たいち　34さき＊　35あい＊　36りあむ
37ゆう　38れん　39くれあ＊　40ゆうか＊　41さら＊　42みほ＊　43りん＊　44さき＊
45ゆう＊　46ごう　47ゆづき＊　48そうた　49たいよう　50はると　51まなか＊　52あ
いこ＊　53りょうすけ　54みう＊　55かずき　56そら＊　57たいき　58はやと　59なな
み＊　60こころ＊　61こうだい　62はると　63かやの＊　64ひなな＊　65みな＊　66な
ごみ＊　67いちか＊　68なおや　69あいな＊　70こころ＊　71まお＊　72りく　73かの
ん＊　74みこ＊　75かいせい　76こうせい　77みう＊　78れいな＊　79たろう　80ゆう
か＊　81あん＊　82たくま　83なゆ＊　84りょうたろう　85だいと　86ひろあき　87ゆ
うと　88こうき　89るおん　90ゆうか＊　91ゆい　92りゅうと　93しゅうや　94しゅん
た　95かずま　96ちひろ＊　97たけし　98けいた　99かなで＊　100あおい　101とうご
102だいき　103りゅうと　104なお　105なる＊　106ひまり＊　107かえで＊　108りゅうき　109
まひろ　110りく　111ひなき＊　112こうせい　113ひなた　114はるき　115かほ＊　116ひでと
117えいき　118りゅうと　119りく　120はな＊　121いろは＊　122ほのか＊　123こう　124しん
のすけ　125こたろう　126ひろと　127ななせ＊　128ひな＊　129りくと　130さき＊　131もも
か＊　132まひる　133かな＊　134よう＊　135はるたろう　136ひの＊　137りゅうのすけ　138

あおと　139ののは＊　140りみ＊　141たいしん　142りお　143さき＊　144ゆうが　145たくみ　146あんな＊　147かいと　148たいら　149えいか＊　150はるひさ　151しゅうと　152そら　153きさら＊　154ふうか＊　155せいや　156あきひこ　157ひかる　158しょうま　159ちひろ　160じゅんぺい　161しゅうと　162ひとみ＊　163あるは＊　164ひな＊　165ねね＊　166かいと　167ねね＊　168ゆうま　169あいじ＊　170りさ＊　171らいむ　172ゆうご　173はるく　174ひな＊　175なつお　＊176せいや

（＊印を附したのは女児を表す）

地域によって一般のことばに違いが認められるのと比べ、ここに示した新生児の名前はローカルな特色は希薄だと見られる。そういう点で、方言とは質的に異なるのが、現代風の名づけである。

名前の難しさの質

字面からでは男女の性別がわからないものがあることは、昔からあった（たとえば、小野妹子、小唄勝太郎など）。しかし、数のうえから言ったら、今の時代に及ばないのではあるまいか。先に挙げた例では、「心遥」「世羅」「湊羽」「凛」「優」「空」「果音」「知尋」「奏」「日向葵」「南々星」「瑶」「可帆」「娃心」が女の、「央真」「愛大」「和」「吏歩」「優」「蓮」「陸」「琉音」「凌空」「日夏多」「吏玖」「理央」「平羅」「遥空」「光琉」「優真」が男の名前として採用されている。「優（ゆう）」は男女に用いられていて、名前だけからは性を判別できないのである。

また、漢字の音訓に無頓着であるように見受けられる。「柊」の字を〈しゅう〉〈とう〉二様に人名では読んでいるが、漢和辞典の類には〈しゅう〉（漢音）〈しゅ〉（呉音）のみが記載されている。〈とう〉は「冬」「疼」などの字に牽《ひ》かれた読みであろう（これは「類推」によって産み出された音である）。「果音」の「音」字で〈のん〉と読ませようとするのも、「観音」を〈かんのん〉と読む習慣（これを連声《れんじょう》と呼ぶ）を拡張したように見える。実際は、ある環境に限って認められる特殊な音だったものを、環境条件を無視して〈のん〉と読んでよいと一般化した扱いなのである。「翔」は「とびかける」意を有する漢字であるが、その一部だけを利用する形で〈と〉と読ませている。「心」を〈こ〉として利用するのなども、私には思いつかないことである。字音の面でも「暖」を〈の〉、「央」を〈お〉とするなど、一部分の利用に留まるものが目につく。

歴史的に見て、こうした例が過去にも皆無ではなかったが、大筋では伝統的な規範に沿って名前に用いられた漢字と、その音訓が存在していた。この点で、規範に従うという意識がないことに、今時の名づけの読みにくさ・難しさの特色があると認めてもいいであろう。

また、人名がある意味を喚起する働きを捨て、音の響きによるイメージに寄りかかろうとする傾向も強まっているようにも感じられる。昔風の人間が、「今時の若い者は……」というグチの対象の一つにもなっているのが、現代の日本人の名前なのである。

名前が読めないことで困る世界

新入学の時期になって教師にとって頭の痛いのは、子どもたちの名前を正確に読んで記憶することである。だいたいが教師の資質で重要だとされるのが、子どもの名前と顔をいちはやく一致させて覚えることだと言われる。それが、名前を記憶する以前に、名前をちゃんと読めるかどうかがこの頃では難しくなってきているのである。あらかじめ名前を記入した用紙に振り仮名を書き添えてもらって、その子がどんな名かを正確に知ることが必要になってきた。名前は大事だということで、いい加減な読み方をされるとそれだけで子どもがないがしろにされたと怒る親や、めげる本人がいるのである。きちんと、名付けられたとおりに名を読む、あるいは名を呼ぶことが、教師に求められていると言える。

ことは学校という世界にとどまらない。マスコミでも、金融の世界でも、企業の営業活動においても事情は似たものだと言ってよい。人名を読み間違えたことで訂正・お詫びの放送をするのを耳にすることは一再《いっさい》に留まらないし、間違った読み方で、個人の同定を誤り、仕事に損害を与えたり被ったりすることもないとは言えない。

本人の名とは違う読み方をされ、いちいち訂正することにうんざりした経験を持っている人も少なくないはずである。何よりも、正確に読まれない名をつけられた本人が、迷惑千万な思いを味わっているのであるが、つける側にはつける側なりの思い入れやら、意気込みもあり、部外者がとやかく発言するのは控えるべきだという雰囲気すらある。しかし、「部外者」にはまるきり関係のないことなのかどうか。日常の言語生活をまかなっている私たちは、書記の手段としての漢字にはいろいろな制約を加えている。この制約があることで、学習が効率的に果たされる面があるのであるが、制約を取り払い、野放図な使用にまかせておけばどうなるか。蟻の一穴《いっけつ》が堤防の崩壊を招いてしまうように、制約があることで保たれている書記体系のバランスを失して、結局迷惑はすべての人に跳ね返るということになりかねない。

ことばは文化を体現している。ことばの一部である名前のつけ方が変化してきていることとは、善し悪しに関わらない単なる現象だと割り切って見ることもできるが、世の中の風潮を如実に反映している。「国際化」を視野に入れ、欧米の人々との交流でも不自由のない洒落た名前が望ましいと思う親が増えてきてもいるようである。しかし、少し落ち着いて考えてみると、欧米風ということがそのまま国際的であるということにはならないことは明らかである。うわついた、地に足の着いていないものの考え方が、文化としてのことば、名づけに反映していたらと心配するのは、よけいなことなのかどうか。

少数派の考えか

名前の漢字が読みにくいものになりつつあるという認識は、少数の人々に限られたものなのであろうか。もし、以上のような感じ方をするのが少数者のものだとしたら、多数の人々はどんな考えでいるというのだろう。「他人に自分のつけたこの名前を云々されたくなどない」「他人が名前のことにあれこれ口出しするのはよけいなお節介というものだ」などなど。個性尊重、個人の権利を重視するこの時代に、人権を侵す全体主義的な姿勢に近いものとして、反発を感じているのかもしれない。また、単なる無関心もあるかもしれない。

私の身のまわりでは、結構「読めない人名」に対するグチを洩らす人が少なくない。『國學院雑誌』二〇〇六年一月号の座談会記事「日本語教育の現状と展望」にも、「今の学生の名前が読めない」との発言が見られる。「学生」の名についての発言であるので、彼らが新生児として命名された時期で言えば、ほぼ二十年ほど前にさかのぼれる。二十年ほどの間にこの実感が深まるような動きがあったと見られる。決して少数の人間の感じ方として葬り去るほどの目立たない現象ではないと言ってよい。にもかかわらず、いっこうにこの傾向が「改善」されないのはなぜなのか。

結局、名づけをする人の側に、他人から正しく読んでもらえるかどうかという意識が欠けているということが考えられる。自分たちがつけた名前が「気の利いた」表記で、あるイメージを体現していればそれで十分だということに尽きるのであろう。

名づけに対する意識の変化、価値観の変動、漢字そのものに対する応じ方など、われわれの社会そのものが抱えている諸要素に十分目配りをして現状を評価しなければならないであろう。

私自身は、人の名前を正確に読み、口にすることが、ある意味で常識だと考えてきた。相手に適切な敬語を用いて良好な関係を維持する言語行動と、一面似ていなくもない、とも。しかし、現実には読みにくい名前、どう読めばよいか途方に暮れる名前がある。しかも、年々その数は増えているように感じている。名前として何が問題なのか？ おそらく、漢字表記とそれによって導き出されるはずの読み方との関係が、ふだんの漢字教育で身につけたものと乖離《かいり》していることに原因があるのではないかとも感じている。では、いつごろからこういう事態に立ち至ったのか。そのことで日本語は大きく変化していく可能性はないのか。漢字と人名との関係は昔はどうだったのか。そうしたことにある程度の見通しを与えるために、迂遠《うえん》に思われる議論をも厭《いと》わず、じっくりと事実をすくい上げて、本書で考えてみたい。これは多くの人に関心を寄せて欲しいことでもある。文化の問題として名づけと漢字の用い方を、現在こそ、もっと深く考える必要があると強く感じているからである。

「名づけ」と「名前」

「名づけ」とは何か

事物に名づけをする

動物の種《しゅ》としてのヒトが、他の種と大いに異なる存在たり得るのは、道具や機械を作り出しそれを効果的に利用するという点にある。そして、最も「人間的な」営みであるのは、言語によってコミュニケーションを遂行すること、思考に言語を関与させていることであろう。時間の観念を持つことも、言語を駆使することと無縁ではあるまい。

声に出す、出さないに関わらず、ことばによって思考や意思伝達をまかなっていることが、動物であるヒトを社会的存在として知恵ある人間たらしめていると考えられるのである。

ことばにもいろいろな種類があり、性質の違いもある。感覚・感情を直接表出するに近いものから、事物の具体的概念を表すもの、様子・状態を表すもの、属性概念を示すもの、事項と事項の関係性を表示するにとどまるものなど、個別の言語によってそれぞれヴァラエティに富んでいるといってよい。

具体的に世界を認識するために、われわれは、ひとつひとつのモノやコトガラに名前をつけ、それを用いている。国名、地名、行事名、人名、技術名、部品名、製品名、色名、食品名、動植物名、鉱物名、その他数限りない分野での名を用いることで、人間の活動が維持されている。名を持たないということは、そのモノ（コト）がないにも等しい。実際には存在していても、脳中にそのモノ（コト）を呼び出すことがきわめて困難なのである。人はモノ（コト）を認識し、経験を深いものとし、深化させ、考えを明瞭にする。

嘱目《しょくもく》（現実に眼にふれるもの）のもろもろ、経験するいろいろな事柄などについて、名前がついているかいないかで、把握できることが正確かどうかが左右される。認識というものは、ことばによって強化される面が強いからである。鳥獣虫魚に名づけをすることはどんな言語にも認められるが、学問の発達によって細かな認識がただされ、別の範疇《はんちゅう》に分類し直されることもある。そして名称を異にすることによって、その弁別の事実が反映されることが多いわけである。ブッポウソウという鳥が、姿のブッポウソウと声のブッポウソウとが実は異なっていることが判明したら、それを反映して区別した名称が採用されなければならないだろうし、長くてウネウネした魚が、かつてはウナギ（ムナギ）の呼び名一つで済ましてよかったのが、認識が改まって別種を含むと知られるようになれば、アナゴ、ハモなどを積極的に区別するようになる。名前こそが、現実の世界を理解する鍵であり、武器でもある。

名づけという行為には、つける側とつけられる側が存在する。モノの場合、人間はつける側にいる。名を負うモノには心があるわけではないから、どう名づけられどう呼ばれようと、モノそのものからは賞賛あるいは苦情が寄せられることはない。しかし、人名の場合には、命名者がいて、名づけられる個人がいる。名づけられた人物は、その名で呼びかけられることもあれば、他人に自分の名を告げる（名乗る）こともある。名乗りたくないという憚《はばか》る気持ちを抱くこともある。第三者が絡んで、褒めたりくさしたり、複雑なことが伴ったりすることもある。

モノの名は多くの場合、普通名詞に所属させられる。ヒトの名は、トコロの名と同様、固有名詞に入れられる。企業の戦略等で、ほかにない「これ」という指示性をもった名前を負えば、それは固有名詞になるが、モノの名は多くは普通名詞として存在する。これに対して、ヒトの名は他との弁別を主要な働きとして担っている。

現代社会に生きる個人には、「私は私」であってほかの誰でもないという意識がある。その個人がほかの誰かの完全なコピーであるということはあり得ない。その人にしかない資質、能力をもち、古今東西、ただ一回きりしか存在しないものである。少なくとも現代人の生き方はこうした考え方を前提としている。人に名をつけるのに、「ほかの誰とも同じでない」特色のある名前をつけたいと考えるのは、理由のないことではないのである。ただし、名をつけるのは新生児本人ではない。自分の名を自分自身で名づけるという行為が原則的にできないのが、この社会でのルールになっている。本人による自己命名ができたら、じっくりと望ましい名前を自己の責任においてなされるであろうが、それができない相談なのだから、親の責任で適当な名を考えてやるしかない。子の望ましい将来を思い描いて「ほかの誰とも同じでない」存在を、名前によって予祝したいと考えるのは、親として当然のことである。名づけに強い思い入れが感じ取れる場面にしばしば遭遇するのは、ひとえにこのゆえなのである。

人に名をつける

ヒトは社会的な存在として存在する場合、他の個人と区別される必要がある。全く無個性の存在というものはあり得ない。男か女かという生得的な差異、所属する集団の違いがあり、生まれた年月日が異なる。顔つきも異なる。家族の中での序列や重要度にも違いがある。仮に双子の場合、二人を区別しないで扱うことを考えてみよう。何か悪さを片方がしでかしたとき、どちらの仕業かをはっきりさせないと、叱ることすらできない。直接首根っこを押さえて懲らしめることは可能かもしれないが、いつでもそのやり方ができるとは限らない。姿形の違いを反映した呼び方をするためには、その人がある程度成長していなければならない。「太っちょ」「痩せっぽ」など。嘱目の特徴を捉えた名づけだからである。英語の「ニックネーム」という語も、これに近い。ア・ニック・ネームはアン・エイク・ネーム（またの名）に由来する。

現代人の名は、成長の過程あるいはその後につけられるニックネームを必ずしも要しないが、名無しのままの状態で成長する個人はいない。必ず誕生と相前後して名前がつけられるのである。誰が命名するか、どんな意味を込めてつけるか、どんな文字を当てるか、そのことによって名づけられる人間が突出して目立つ存在となるのか、所属する社会にすんなりと調和的に混じり合えるのか。名づけをめぐって語られる悲喜劇は、社会的な関心事としての名づけの一斑《いっぱん》を示すものと言えるであろう。

制度や管理を公的な立場で徹底させるためには、社会を構成しているメンバーを正確に押さえていなければならない。そのためには個人の名前にはある種の機能が必要である。それは、名前がある個人を確実に他の個人と弁別し、他人に紛れることがないようにするためのシステムをもたなければならないということを意味する。個人が複数の名前をもつ場合、どれが「正式」のものであるかを、まず、判然とさせなければならない。そこで近代国家日本がとった行き方は、今までの名前のあり方を改めることであった。つまり、姓あるいは苗字をもたない人々にも姓を名乗るようにさせ、姓と名とを組合せ、戸籍制度のなかで地名・番地を組み合わせることによって、個人の名を確定し管理する方途をとったのである。この制度によって、正式の名は自ずと明瞭化される。学校や軍隊、裁判といった公的な場での正式の名が広く用いられるとともに、正式でないとされる名の存在場所が次第に狭められていくことが並行して進んだのである。

名前は何を語るか

人に名をつけることで他者との弁別が可能になるが、それだけなら番号で済ますことも考えられるだろう。だが、番号や符丁ではなく、名であるということは、そこに意味があるからだと言える。では、人の名前は何を語るのであろうか。思いつくままに列挙してみると、「かくあってほしい」という命名者の理想や願いを語るものが、真っ先に挙げられる。これは、人格に関係する徳性、容貌のよさ、技芸・才能に恵まれていることなどが多いが、招福致富や平静安穏といった生活条件のよさ、人生上望ましいと考えられる態度など、多岐にわたる。「よいこと」「めでたいこと」には、瑞祥《ずいしょう》として期待する名も含まれよう。

さらに革新・改良など現実の改善の意味をもたせた名や、新鮮・柔和などの状態に関心を示したものがある。これを積極的な命名とすると、他方、消極的な意味を持つものとして、災厄を避ける意図を含むものも当然ある。子沢山の家族にとってはこれ以上子どもが増えることを望まないという意味でつける名もある。子どもが生まれた季節や当時の嘱目の事物に因《ちな》んでつけられることもある。〈はる〉〈なつ〉〈あき〉〈ふゆ〉〈はな〉など。その周辺には〈みのり〉〈さく〉などの語が名の候補として存在している。きょうだいに一連のテーマでセットの名をつける親もいる。中国の聖人の名に因んで、「尭」「舜」、出来のよさを期待して「優」「秀」など。生まれる子どもの少ない時代から見ると、なんとも「計画的」な行為だと感心することではある。

一つの家庭内に子どもの数が多い時代には、兄弟の序列を反映した名が比較的目立ったものであるが、近頃はそうでもない。序列・順序に従った名づけを「排行《はいこう》」（「輩行」とも）と称するが、「太郎」「二（次）郎」「三郎」「四郎」、あるいは「一太郎」「一二（次）郎」「一三郎」「一四郎」などの形式がそれで、子沢山の昔に比べるとさほどの勢いが見られない。

現代では希薄になった家意識ではあるが、先祖を記憶するためにつけられる名もかつては多かった。親の名の一字を受け継ぐということもこれに類することであるが、今ではあまりはやらない。最も能率的なのは、これと排行を組み合わせることであるが、あまりに機械的で個性が認められないので「本名」としては人気が得られそうもない。「あやかる」としたら、もっと大きな幸いにあやかりたいということであろうか。皇族その他の有名人（芸能人が多い）の結婚や出産などを契機にその人や子の名にあやかって命名することが、間歇《かんけつ》的に見られる。父親が野球好きだと、高校野球で活躍した荒木大輔、松坂大輔にあやかってつけるということが目立った。そもそも松坂大輔の場合、荒木大輔の活躍に触発されてつけられた名である由だが、同期の高校球児に「大輔」が目立っていたのは著しい事実である。

ある時期の大きな出来事を記念するような名づけも、あやかりの一種と見られる。西暦での一九四〇年は、皇紀二六〇〇年ということで、国家的祝賀ムードが蔓延していたが、その年に生まれた子に「紀」の字を用いた名をつける親が多く見られた。昭和から平成に年号が変わって、大嘗祭《だいじょうさい》が執り行われることになり、その一環として〈ゆき〉〈すき〉といったふだん耳慣れない語が話題になった。「由岐」あるいは「悠紀」を名として採用した親の例も秋田県内にはある（秋田県内に「悠紀《ゆき》」の斎田〈神に供える米を作るための特別の田〉が置かれたからである）。歴史的な盛事にあやかる気持ちがこうした名づけにあると言える。

今では快いイメージを喚起するということに命名の力点が置かれているようである。それは具体的な「ことば」によるというよりは、音の響きのよさに頼ったもの、字面《じづら》のよさを寄せ集めたものなどということになるが、想像力を羽ばたかしてつけたというと、褒めすぎかもしれず、どちらかというと世の中で流行していることに乗じて、行き当たりばったり、他人より目立つことを意図していると見られる名づけが多い。

人の名は、「弁別」ということから言えば、「目立つ」ということは大事である。しかし、目立ちすぎて当人が困る（少しの悪いこともできないなど）といった事態もある。他人と紛れそうで紛れない、ほどほどのところで弁別できる方が当人にとっては居心地がいい。子の名に親が過剰な思い入れをして、迷惑する子もいる。「今太閤」ともて囃された得意の絶頂期の首相の名を付けたはいいが、その人が刑事被告人として訴追され、同名の子どもの学校生活が思いやられるといったこともあった。またかつて「悪魔」と命名しようとして物議をかもした事件もあった。実現していたら、イジメの対象になっていたかもしれない。当時新聞の投書等に寄せられた「心配」もこれに類するものであった。

名前をつけるに当たっては、誰が命名するかというと、新生児の親である父か母、またはその協同による命名が圧倒的に多い。中には、祖父母や親戚の知恵を借りるということもあろうし、日ごろ尊敬している人物や勤務先の上司にヒントをもらう、名づけ親になってもらうということも皆無とは言えない。学校時代の恩師につけてもらうということも昔はあったであろうが、今では美談として探し出すのもむずかしい。また、親の勤務先の社長の名の字をもらうということは、今ではまず考えないことではなかろうか。仕事先の規模の大小には関係なさそうである。なぜはやらないかと言えば、あやかるというのは美名にすぎず、阿《おもね》る気味が強いからである。自分の子の名づけを利用してまでゴマをするようなことはしたくないということである。

封建時代の「名を拝領する」という風は、地をはらったと見てよい。お上《かみ》、すなわち国や地方公共団体、その他の各種団体が子どもの名前をつけるということは、国民に番号を附して管理するということはあっても、ふつうの場合はない。ある事情によって生まれて間もない子が親を失ったり遺棄されたりした場合に限り、施設のメンバーが親に代わって命名する場合があるだけである。これは「名を拝領する」とは言わない。

「名づけ」の由来

子どもに名前をつける場合には、その将来の幸福を考え、また社会の人々の便不便ということも、十分に考えて、よい名前をつけてやるように心がけなければならない。このことには誰しも異存はないであろう。国語学者の吉田澄夫によれば、次の三つの条件を考えるべきだという（『名前とその文字』）。

よい名前とは

①よい意味を持っていること

名前は清く、正しく、ゆかしいものでありたい。子どもへの愛情の自然な発露として健康に育つようにとか、清らかな性格をもつようにとか、そうした願いをこめて「健吉」「清子」と名づける例が挙げられている。和漢洋の古典や聖典の中で用いられた語句を選び出して利用するのも「手」である。吉田氏は「親の教養や、奥ゆかしい家庭の気風が反映して、知らず知らずのうちに子どもによい感化を与えるであろう」と、推奨している。

あるいはまた、子どもの生まれた年や月や日に因《ちな》んでつけたり、住んでいる土地の名に因んでつけたり、平素尊敬している偉人の名前に因んでつけたりするという方法も「よい意味を持っている」名だと言う。

②やさしい文字を選ぶこと

往々にして人の名は命名者の意図したとおりに読まれないことがある。読み違えるというのは、読み方が普通でないために、あるいは文字の難しさ故に、命名者の思惑に反した読み方をするということである。名前の持ち主も、これでは相当に不便なはずである。兼好法師の『徒然草《つれづれぐさ》』に、「人の名も、めなれぬ文字をつかんとする、益なきことなり。何事もめづらしきことをもとめ、異説を好むは、浅才の人のかならずあることなりとぞ」（第一一六段）を引き、見慣れない文字を使いたがる浅才の人の弊風《へいふう》を戒め、平易な文字を採用すべきことを吉田氏は名づけの条件とする。要するに名の持ち主本人や周囲の便不便・快不快への顧慮が、文字の選択に欠かせないというのである。

③やさしい読み方を持っていること

訓読みなり、音読みなり、そうとしか読みようがない読み方を選ぶことが肝要である。それはごくありふれた読み方をあえて選ぶことがよいということである。極端なことを言えば、同じ「すすむ」「ゆたか」という音の響きをもつ名をつけるにしても、同訓の異字がいくつかある中から最もふつうの文字、「進」「豊」というような漢字を選ぶ心がけがほしいということである。しかし、〈すすむ〉には、「進」のほかに、「晋」「享」「奨」「将」「達」「侑」などの漢字も当てられる。実際には命名者の好みや主義によって選び取られていて、ある一字を「ふつう」と認定してそれに限定することはおそらく不可能であろう。それに、「達」を例にとると、〈すすむ〉の名のほかに、〈いたる〉〈さとる〉〈さとし〉〈とおる〉〈みち〉という名に用いられていて、一字が一訓に対応しているとは言えないのである。「やさしい読み方」をもつということは言うは易《やす》く、実際には至難の課題なのである。因みに、吉田氏が例示に用いた読みにくい漢字は次の通りである。

大（まさる）　永（はるか）　立（たかし）　年（みのる）　同（あつむ）　知（さとし）
明（とおる）　重（かたし）　省（あきら）　業（はじめ）　聖（さとる）　徳（のぼる）

親（よしみ）　学（さとる）　鉄（まがね）　一二（はるじ）　一以（かずゆき）　一馬（はじめ）　千寸（ゆきちか）　光雲（ひろも）　多栄（とみひで）　東夫（はるお）　勇人（はやと）　真秀（まほら）　協中（やすなか）　備治（ともはる）

これらは荒木良造『名乗辞典』（東京堂出版）で確認できる実在した例である。「大」字それ自体は書き記すのに何ら困難なことではないが、人名として用いた例では、〈おおき〉〈たかし〉〈たけし〉〈はじめ〉〈ひろし〉〈ふとし〉〈まさる〉〈ゆたか〉〈だい〉が容易に拾え、振り仮名を附した資料に頼ったり、本人や事情を知っている人に教えてもらったりしないかぎり、正しい名を知ることができない。二字以上の組合せになると、その困難の度合いは数倍に増すのである。吉田氏の文章が書かれた時期は、昭和二十六年（一九五一）であるが、その時点でも日本人の名は読みにくいということが実感されていたのである。

よい名前をつけるにはどうすればよいかということが、さしあたりの出発点であったが、本当の課題は、つけた名前がちゃんと正確に読めるようなシステムになっているかということである。これは、漢字の音と訓のあり方に関わる問題として考えられなければならない。

子の名前は親が中心になってつけるのが主であるので、親の日ごろの価値観が反映するが、最近はイメージ優先で、確たる価値を明瞭に捕捉し難い名が目立つようになってきたことは、プロローグに示した実例を一瞥することで了解されるはずである。さらに、明石六郎（赤白黒）　今祐太朗（いま言うたろう）　有馬遷（ありません）　安藤奈津（あんドーナツ）　佐藤俊雄（砂糖と塩）　分銅志成（褌せい）
といった、「組合せ」による悲喜劇を産み出しうることも、命名者の側で意識・配慮しておかなければならない点である。

ここでは、まず、文字にとらわれない命名が先にあったということを言いたい。

漢字渡来

人類がことばを獲得して表現した最初のことが何であったかは正確にはわからないが、喜怒哀楽の感情の表出と、モノ（物）・コト（事）に名前を付与することは、どんな未開の社会にもあったと考えてよいと思われる。人を識別して呼ぶ特定の形式が人名という命名法である。

ことばは音声言語が先行し、文字は後から考案された情報蓄蔵の手段である。文字を持たない言語が世界中の言語の中では多かった事実は、記憶しておくべきことである。先史時代の日本列島の周辺には、「漢字」という文字がすでに存在していたが、日本語のために考案されたものではなかった。系統も類型も異なる言語のための文字だったのである。日本語社会が文字を必要とするようになった時期がいつかという問題にも正確に答えることは困難であるが、世の中を統治する上で単なる記憶だけに頼るだけでは済まない段階に至ったこと、遠隔地にも厳格な統治を貫徹させる必要があったことなど、統治機構が小規模な集団の段階から脱却していることが考えられる。当時の日本語社会では、独自に文字を考案することではなく、周辺ですでに発達した段階にあった文字、すなわち漢字を導入、学習する道を選択したと言える。この段階以前に、日本語社会に属しているメンバーにはすでに個別の名前が付けられ、識別されていたと考えられる。つまり、文字にとらわれない命名がなされていたという事実があったということを記憶しておくべきだということなのである。

それでは、それはどんな形式によって記されたのか。文字と言えば漢字しか存在しない社会では、漢字で日本人の名を記す。当然のことである。それは、当座のこととして、仮《か》借《しゃ》の方法により名を記した。「稲荷山古墳出土鉄剣象嵌銘《ぞうがんめい》」やその他の金石文《きんせきぶん》の多くには後の呼び方では「万葉仮名《まんようがな》」に相当する表記法を採用している。基本的には日本語（日本人名）の語形そのものを表すことを主眼としていて、「好字」の選択にまでは当初の神経は行き渡ってはいない。字面への顧慮が働くようになるのは、文字の操作に習熟するようになってからのことで、それは、書記の専門家集団であった渡来人(帰化人)に代って日本人が書記活動に参画し、史書や文書を産出する時期からのことといってよい。

ひるがえって、現代の日本語社会で見られる人名に、文字に対する何らかの顧慮を欠いたものを考えることができるであろうか。否《いな》である。それほどまでに漢字伝来以前と以後とでは、人名の性格も一変したということが考えられる。

名詮自性

仏教語に「名詮自性《みようせんじしよう》」という語がある。もともと『唯識論《ゆいしきろん》』に見える語であるが、「名そのものが本来の性質を表す」、「名と実とが一致する」という意味である。「名は体をあらわす」(名前というものはその中身・本質をよくあらわすものだ)に近い。この語は、日本の文献では『太平記』『椿説弓張月《ちんせつゆみはりづき》』『戴恩記《たいおんき》』などに使用例があるが、人名に最もこの傾向を認めたのは滝沢馬琴《ばきん》である。『南総里見八犬伝《なんそうさとみはっけんでん》』の、八犬士ほか登場人物は目にしただけで曲者《くせもの》か否か、儒教道徳を体現した人物かどうか、想像がつく。名というものを社会がどのように捉えていたか、何を物語るものか、この語とその使い方で理解できる。

「名は体をあらわす」という人名観は、本人の意思によってつけられた名前でないにも関わらず、本人に内在する個性であるかのように思い込ませ、自己のアイデンティティーの主要な部分をなすと誤解させる面がある。珍しい苗字で育ったから結婚しても改姓したくないとか、「しぶや」姓でも自分の姓は「渋谷」ではなく「澁谷」の方で、違う書き方をされると不愉快に感じるとか、名にアイデンティティーを求める人は少なくないが、これと心理的には連なるものであろう。

最も端的な形で「名詮自性」を示すのは、あだ名（渾名・綽名などとも書く）というものであろう。その人物のある特徴を捉えて、陰で、あるいは面と向かって、本名とは別の名で呼んだり指示したりするものである。その特徴とは、容姿、特技、性格、癖、挙動などさまざまである。悪意による命名である場合、これを特に貶名《けなしな》と呼ぶこともできる。やはり、名と人格が即応して切り離してはならないという考えに発しているのであろう。神護景雲《じんごけいうん》三年（七六九）五月、聖武天皇皇女不破《ふわ》前内親王が厨真人厨女《くりやのまひとくりやめ》という貶名を賜り、土佐国に配流された事件や、法均・和気清麻呂の姉弟がそれぞれ別部穢麻呂《わけべのきたなまろ》・同広虫売《ひろむしめ》と改め、備後に流された例など、古代史に窺《うかが》える事例から、権力を持った側からの改名に、その思想が汲み取れる。

あだ名についてもう一つ触れておきたい。

近代の文学作品『坊っちゃん』について、このあだ名が果たしている役割を指摘したのは丸谷才一『闊歩《かつぽ》する漱石』（二〇〇〇年、講談社刊）である。少し長いが引用してみよう。

まづ目につくのは、綽名《あだな》の多いことですね。主人公兼語り手は「坊つちやん」である。校長は「狸」で、教頭は「赤シヤツ」である。画学の教師は「野だいこ」で、これではは長すぎるせいか「野だ」になり、遠山のお嬢さんは「マドンナ」。このいひなづけである英語教師、古賀は「うらなり」で、数学の堀田は「山嵐」だから、名前のある作中人物もゐることはゐるが、そんなのは忘れてしまつて綽名だけが残るから、名前はないも同然、結局、読者がしつかりと名前を覚えてゐるのは清だけで、漱石はこの清といふ大事な名前を印象づけるために綽名だらけの小説といふ趣向をたてたのか、などと思ひたくなる。

綽名は親愛感の表現で、それが有効である人々の範囲が確実に存在することを前提とする。それゆゑ綽名が幅をきかせる小説といふのは、一体に、共同体的な感情によりかかつてゐるものである。ところが坊つちやんの濫発《らんぱつ》する綽名は、終りのほうになると山嵐とのあひだで多少通じる程度で、いはば坊つちやん一人のものにすぎない。それは四国の某市における東京者の寂しさ、彼の孤独のしるしであつて、それゆゑ次の段階として、かへつて、彼と読者とのあひだに擬似的な共同体的感情を生じさせるだらう。これはおもしろい仕掛けですね。わたしたちが坊つちやんに対していだく親愛の情は、彼が作中人物につけた綽名をわたしたちもいつしよに使ふ（やうな気になる）ことでいよいよ増すのである。慧眼《けいがん》と言うほかない。

あだ名に限らず、その人の特徴を捉えることに腐心するのは、名前をつける行為では重要なポイントをなすものと考えられる。

名の用語と意味

さまざまな名前

姓・氏・苗字

ふつう新生児が生まれて役所に届け出る時、名の欄に「氏名」とある。この氏名を姓名とも言って済ましているが、もとは異なる概念であった。苗字・氏・姓が混用されるようになったのは明治の初め明治八年（一八七五）から同十一年（一八七八）にかけてのことで、同十二年（一八七九）ごろを境に、前代の法令の引用を除けば氏または姓が用いられるようになったという。明治二十三年（一八九〇）の民法、同三十一年（一八九八）の新たな民法制定以降、制度上の名称は氏に統一されたのであるが、一方で苗字や姓の名称も廃《すた》れることなく今日まで命脈を保っている。

歴史学者の教えるところ（主として坂田聡『苗字と名前の歴史』を参照）によると、もともと日本の奈良朝より前の古代社会においては、国政上の地位や社会での身分の尊卑《そんぴ》に応じて、朝廷より氏の名と姓を与えられ、代々受け継いできた。これが氏名《うじな》と姓《かばね》と呼ばれる名称で、氏は天皇に仕える集団として氏名を名乗り、朝廷から授かった姓によりその氏が占める国政上の地位を示したというのである。

これが律令体制の確立するころ（奈良時代）に至ると、国政上の地位を指示する機能は姓から律令制下の官位に徐々に取って代わられるようになり、姓の本質が変質せざるを得なくなり、形骸化した結果「姓」字も氏の名を含意する「せい」と呼ばれるようになり、氏と姓との同義化が進行した。律令体制下では、奴婢《ぬひ》のみが無姓で、一般庶民（公民）も何らかの擬似的な氏名を名乗ったが、それまで所属した部の名や、支配者の氏名に因んで「曾我部《そがべ》」「大伴部《おおともべ》」などの氏名を用いても、それは氏集団としての実態をもたないものであった。古代の公民身分の系譜を引く中世の百姓身分の人々が、「源平藤橘《げんぺいとうきつ》」をはじめとした貴族的な姓を名乗ったのは、古代において擬似的氏名《うじな》をもったという事実と通うと考えられる。

中世に至ると苗字の名称が用いられるようになる。苗字と姓とは異なると言われるが、苗字の成立過程はだいたい次のようなものであるらしい。つまり、平安中期以降戸籍の調製がされなくなって、擬似的氏名《うじな》を失った庶民はそれに代わるものとして字《あざな》と呼ばれる通称を用いるようになった。字には同一のものがたくさんあり、他と区別する必要からこの字の上に居住地の地名とか官職名とかを附して区別できるようにした。これを次第に世襲するようになり、「家」としての組織自体の呼称として定着したのが苗字である。個人の名に冠された地名や職名が苗字として定着するのには、父から長男へという家産を継承する永続的な家のあり方の確立が必要不可欠なことだったと考えられている。

姓《せい》は、八世紀末から九世紀以降、父兄血縁集団化した氏名《うじな》と同じものとなったが、一方の苗字は、あくまで家の名（家名）であって、血族名ではない。同族であっても、別苗字が基本だったのである。もちろん、苗字は私的に名乗るものであったから、本家と同一の苗字を分家が名乗ることはあったし、むしろありふれた事実であったと見られる。しかし、苗字が家ごとの名であるから、同一の苗字を用いる人々の範囲が、同一の姓を用いる範囲より、遥かに狭いものであったのである。

明治に至って、姓（本姓）と苗字の両方を名乗るということが廃れたが、伊藤博文《いとうひろぶみ》が「越智宿禰博文《おちのすくね》」と署名したり、徳富猪一郎《とくとみいいちろう》が「徳富猪一郎菅原正敬」の名を使用したりする前代の残滓《ざんし》と見られる事例はあった。

近代におけるすべての日本国民が苗字を名乗るようになった経過を記すとだいたい以下のようになる。

苗字必称令

明治三年（一八七〇）九月十九日太政官が「自今《じこん》、平民、苗氏（字）差し許され候《そうろう》事」という布告（苗字必称令）を出したのであったが、それ以前には一部の平民にも許されていた苗字帯刀という特権を一切廃止する旨の布告が出されたり、いったん賊軍扱いで苗字を没収された北海道移住の元会津《あいづ》藩士たちに苗字を名乗ることを許す措置がとられたりしている。つまり、明治の極初期には士分以上の者にのみ苗字を名乗らせようとしたのであった。この方針を大きく変えて、苗字必称令はすべての平民に苗字を名乗らせることとしたのである。

明治四年（一八七一）の戸籍法によって、華族以下平民に至る臣民一般に戸籍登録を義務づけ、個人名を「何之誰」と記す様式が示されたが、徹底することが叶わず、明治八年（一八七五）二月十三日、改めて布告を発して苗字を称えることを義務として命じている。それには、「平民、苗字差し許され候ふ旨、明治三年九月布告し候ふ処《ところ》、自今必ず苗字相《あ》ひ唱《とな》へ申すべし。尤《もっと》も、祖先以来苗字不分明の向きは、新たに苗字を設け候ふ様致すべし。此の旨布告し候ふ事」とあり、その徹底を促している。これに先立って明治五年（一八七二）には戸籍簿（壬申《じんしん》戸籍）を編成したり徴兵令を発布したりしている。国民を管理・支配するうえで合理的でできるだけシンプルなシステムの必要を認めたからであろう。その布石が明治三年九月に平民が姓を名乗ることを許可する動きだったと言えよう。これを国民すべてに徹底させるというのである。ただし、苗字を名乗らせるだけではシンプルな名前のシステムを構築したことにはならないから、家名に続く名の方の改革も当然要請される。

それまでの名は通称や字《あざな》など、実名以外のものもふつうに行われていた。これを制限して、戸籍の本籍や現住所によって、本人を同定する簡便なシステムが実現できると考えたのであろう。やがて庶民もこの布告に従い、速やかに適当な苗字を名乗ることになるのであるが、祖先以来の苗字を持っている者はそのまま名乗れば済んだことでも、新たに名乗る場合には、識字に問題のある人々は役人や世話焼きの知恵を借りてつけることもあり、場合によっては適当な苗字が種切れになると、高名な家柄や煎茶銘などをいい加減に選ぶことも行われたという。中には悪意を含んでつけたとしか考えられない苗字も見られる。方言的な訛りをそのまま映し出した苗字もある。いわゆる「難読姓氏」とされるものの多くは、この明治の新設された苗字なのではないかと考えられる。

珍姓・奇姓が「放置」されたのは、「佐藤」「高橋」「藤原」のようなありふれた苗字が汎濫《はんらん》して個人の同定がしづらい事情が生じることを考えていたからではあるまいか。それでも、大勢はほどほどのところに落ち着いていたと見え、布告の類にも苗字命名の行き過ぎを規制するものは出されていない。

平民以上のすべての人々が苗字を名乗ると言うことは、出家者である僧侶も苗字を名乗らなければならない決まりとなったことを意味するが、俗世界から訣別する意図であえて苗字をもたなかった僧侶にも強制的に名乗らせるということから当然摩擦が生じる。脱俗の僧侶が俗を含意する苗字を名乗ることには大きな抵抗感があった。その抵抗の意思を示すためもあって、「釈」「竺《じく》」「浮屠《ふと》」などを苗字として採用してその立場を表したり、奇抜な苗字で周囲を煙に巻いたりすることもあった。

明治三十一年（一八九八）、民法施行の際に、夫婦同姓という原則が実施されるようになったが、それまでは中国や朝鮮と同様に、女性は結婚後も生家の姓を称していた。いわゆる「夫婦別姓」であったわけである。

クイズとして

以下に掲げるのは、私が勤め先の大学の教養の講義科目の中で、学生にクイズ形式で挑戦させた苗字の例である。どう読むかという課題と、どう書くかとに分けてある。難読でも何でもないという人はこの方面のよほどのマニアであるに違いない。

【難読氏姓（1）読み方編】

01紀　02高　03多　04千　05金
06江　07王　08榊　09柊　10千万億
11神　12愛甲　13一口　14雲母　15頴娃
16垣内　17乙骨　18城生　19可児　20温井
21丸田　22暉峻　23箕作　24牛糞　25仰木
26刑部　27向田　28呉服　29公文　30行方
31近江　32雑賀　33穴太　34三田　35三枝
36甲　37岐　38名　39清　40属
41峠　42和　43肥　44首　45英
46阿　47笛吹　48左沢　49日下　50水主
51物理　52大神　53海部　54紅白　55香山

56香西　57高泉　58国府　59三次　60矢作
61佐々　62佐伯　63酒造　64蛭子　65根来
66信太　67勝呂　68苅宿　69冷泉　70当麻
71文　72傘　73墓　74美　75新
76荒　77今給黎　78御手洗　79作左部　80子子子
81四十物　82寒河江　83檜枝岐　84日名子　85御返事
86東風浦　87左右口　88久曾神　89十八成　90殺陣師
91我孫子　92具志堅　93曲直瀬　94言語同断　95五百旗頭
96御菩薩池　97五十公野　98七五三掛　99釈迦牟尼仏　100十二月晦日
101勘解由小路　102楽浪　103北向　104海千山千　105真境名

【難読姓氏（2）書き方編】

01あいだ　02あお　03あさか　04あべ　05いつき
06うざい　07えだ　08えびす　09おおば　10かがみ
11かくらい　12かさい　13かすかべ　14かぬち　15かねた

16かのう
17かば
18かぶき
19かまつか
20かも
21かや
22かんだ
23きくち
24きすぎ
25きとう
26きのくにや
27きや
28きよえ
29きら
30くるま
31けんじょう
32こうがみ
33こもり
34さか
35ささき
36ししくら
37しずめ
38しば
39しょうじ
40しんかい
41ずし
42すずき
43すみだ
44すわ
45せがわ
46せと
47せんば
48そうか
49そごう
50その
51たかくら
52たかし
53たかなし
54たかはし
55たけなみ
56たけべ
57たけや
58たんぼ
59ちはや
60ついひじ
61つげ
62つづき
63つづら
64てんま
65どうめき
66ところ
67とどろき
68どめき
69とやま
70なか
71なかあき
72なとり
73なら
74にい
75にき
76にしな
77にった
78にゅう
79ぬき
80ねぎ
81のり
82はが
83はじめ
84はせ
85はせがわ
86はば
87はぶ
88はやし
89はるみ
90ひえ

91ひかわ　92ひずめ(ひづめ)　93ひだ　94ひだか　95ひなし
96ひるた　97ひろし　98ふかわ　99へんみ　100ほずみ(ほづみ)
101まがき　102まつざき　103みき　104むさか　105ゆするぎ

【難読氏姓（1）読み方編　解答】

01紀　き　きい　きど　きの
02高　こう　こうの　たか　たかし
03多　おお　おおた　おおの　おの　た　まさる
04千　せん　せんのち
05金　かにい　かぬち　かね　きん　こん　こがね
06江　え　ええ　こう　ごう
07王　おう　こきし　こにきし　こにきん　わん
08榊　さかき　さかぎ　ささき　たちばな
09柊　ひいら　ひいらぎ　ひらぎ　ひらき
10千万億　つもい　つもり　つもる

11神　あお　あほ　かなえ　かみ　こう　しん　じん　みつ　みわ
12愛甲　あいかぶ　あいかわ　あいこ　あいこう　あこう
13一口　いちぐち　いっこう　いもあらい　いもらい　もろくち　もろぐち
14雲母　きら　きらら
15頴娃　え　えい　えの
16垣内　かいち　かいと　かいとう　かきうち　かきつ　かきと　かきない　かまき
ち　こうち　はんや
17乙骨　おこつ　おっこつ　おつこつ　おとほね　おとぼね
18城生　じょう　じょうう　じょうお　じょうせい　しょうせい　じょうの　じょう
のう　じょうのふ　そうしろお
19可児　かこ　かじ　かに　かにじ
20温井　ぬかい　ぬくい　ぬるい
21丸田　まるた　まるだ　わにた　わにだ　わだ
22暉峻　てりざか　てるさか　てるおか　ひのさか
23箕作　みさく　みづくり　みつくり　みのさく　みのつくり

24牛糞　うぐそ　うくす　うぐす　うぐつ　うしくそ　うしんくそ　ごくえ　こくそ　ごくそ　ごごい　ごこい　ここえ　こごえ　ごこえ　ごこそ　ごゆえ　たいへい

25仰木　あおき　おうき　おうぎ　おおぎ　おおき　おぎ

26刑部　うたへ　うたべ　おきべ　おさえ　おさか　おさかべ　おさべ　おしかべ　おたえ　おたべ　かたえ　かたべ　きゅうぶ　ぎゅうぶ　きょうぶ　ぎょうぶ　けいぶ　げいぶ　さかべ

27向田　むこうだ　こうた　こうだ　むかいた　むかいだ　むかえだ　むかた　むかだ　むこだ

28呉服　くれは　くれはとり　くれはと　くれはかとり　くれほとり　ごふく

29公文　くぶん　くもん　こうぶん　こもん　ふもん

30行方　なすかた　なぬかた　なみかた　なめかた　なめがた　ひじかた　ゆきかた

31近江　おうみ　おおえ　おおみ　きっこう　ちかえ

32雑賀　さいか　さいが　ざいが　ざっか　ざつが　ぞうが

33穴太　あな　あなた　あなだ　あなと　あなふ　あなふと　あなほ　あの　あのう

34 三田　さんた　さんだ　みた　みつだ
35 三枝　さいぐさ　さいくさ　さいだ　さえぐさ　さえくさ　さえだ　さきくさ　さ
さき　さんえだ　みえだ　みつえ　みつえだ
36 甲　かぶと　きね　きのえ　こう　しん　よろい　はじめ
37 岐　いき　き　ちまた　ふたど　ふなど　ふなと　また
38 名　なとり　めい
39 清　きよ　きよし　すが　すみ　せい
40 属　さあん　さか　さかん　さっか　さつか　つかさ
41 峠　あくつ　たお　たわとう　とうげ
42 和　かず　かのう　にぎ　にっき　につき　みきた　みきだ　やまと　やわら
わ　わたる　わだる
43 肥　くま　こえ　こま　ひ　ふ
44 首　おうし　おうと　おうひと　おびと　はじめ
45 英　あなた　えい　さだ　はなぶさ　はなふさ　ひで
46 阿　あ　あくつ　おか　ほど　ほとり

47笛吹　うすい　うすき　うずき　うとう　ふえふき　ふすい
48左沢　あてらざわ　さざわ　ひだりざわ
49日下　くさか　くさかべ　ひさか　ひした　ひのした
50水主　かこ　かて　すいしゅ　とんもん　どんもん　ぬえかこ　ぬばかこ　みずし
みずぬし　みぬし　みのし　もとり　もひとり　もんど
51物理　もとろい　もどろい
52大神　おおが　おおかみ　おおがみ　おおさが　おおじん　おおみや　おおみわ
おおむち　だいじん　みわ
53海部　あのえ　あま　あまず　あまのべ　あまべ　うみべ　うんべ　かいふ　かい
ぶ　かぶ　なべ　のべ
54紅白　いりまざり　いりまじり　いりまじる
55香山　かぐやま　かげやま　かごやま　かやま　こうやま　こやま
56香西　かさい　かにし　こうさい　こうざい　こうぜい　こうせい　こうにし
57高泉　こうせん　たかいずみ　たかしみず
58国府　くにふ　こう　こうでら　こうの　こくふ　こくぶ

59三次　さんじ　みます　みつぎ　みつぐ　みよし
60矢作　かぎ　やさお　やさく　やつくり　やはぎ　やばせ
61佐々　ささ　さっさ
62佐伯　さいき　さえき　さえぎ　さかぎ　さきえ　ささき　さたけ　さはく　さへき
63酒造　さかつくり　しゅぞう　みき
64蛭子　えびす　えびこ　えびな　ひるこ　ひるご
65根来　ねぎ　ねごろ　ねらい
66信太　しだ　したた　しぬた　しぬだ　しのだ　しぶた　しんた　のぶた
67勝呂　かつろ　すくろ　すぐろ　ずぐろ
68苅宿　かりしゅく　かりやど
69冷泉　しみず　せいぜん　れいぜん　れいぜい　れいせん　れんぜい
70当麻　たいま　だいま　たえま　たぎま　たざま　たまき　とうま
71文　あや　おさむ　かさう　かさの　かさり　かざり　ふみ　ふん　ぶん
72傘　かさ　からかさ

73 墓　はかもり
74 美　よしみ
75 新　あたら　あたらし　あたらしい　あら　あらい　あらた　いまき　しん　にい
76 荒　あら　あらおぎ　あらら　あららぎ　あらあら
77 今給黎　いまきいれ　いまぎいれ　いまきれ　いまぎれ　いまぎゅうり　いまくれ　いまきゅうれい　いまぎれい
78 御手洗　みたらい　みだらい　みたらし　みてあらい　みてしろ　みてらし
79 作左部　さくさべ　ささべ
80 子子子　こねこ　ねこし　ねじこ
81 四十物　あいも　あいもの　あえもの　あらもの　よそもの
82 寒河江　さかえ　さがえ　さがわえ　そこう
83 檜枝岐　ひのえまた
84 日名子　ひなこ　ひなご　ひなし　ひめこ
85 御返事　おっぺじ　おつへじ　おつへち　ごへんじ

86東風浦　こちうら
87左右口　うばぐち　うわくち　うわぐち　さわくち　さわぐち
88久曾神　きゅうそじん　きゅうそかみ　くそかみ
89十八成　くくなり　くぐなり
90殺陣師　たてし
91我孫子　あひこ　あびこ　わびこ　わがつま　わがひこ
92具志堅　ぐしかた　くしかた　くしけん　ぐしけん　ぐしちん
93曲直瀬　まがせ　まなせ
94言語同断　こくらだ　てくら　てくらだ　てくらた　てらく　てらくだ
95五百旗頭　いおきだ　いおきど　いおきべ
96御菩薩池　みぞろけ　みぞろげ　みぼさついけ　みぼさち
97五十公野　いきみの　いぎみの　いじみの　いずみの　いつみの　いずしの　いそき
みの　つづしの　いそうら
98七五三掛　しめかけ
99釈迦牟尼仏　にぐらめ　にくるべ　にくろうべ　にくろぺ　にくろめ　みくるべ

100 十二月晦日　ひづめ
101 勘解由小路　かげゆこうじ　かげゆのこうじ　かごのこうじ　かでのこうじ
102 楽浪　がくろう　ささなみ　さざなみ
103 北向　きたむかい　きたむき　とき　ときとな　とさ　とざ　ほっこう
104 海千山千　ふるて
105 真境名　まじきな　まきな　まきょうな　まざきな

【難読姓氏（2）書き方編　解答】

01 あいだ　四十田　会田　合田　明田　英田　阿以田　相田　逢田　間　間田　愛田　藍田　蓬田
02 あお　五月一日　正月一日　安老　安居　明海　英保　阿老　阿尾　青　神栗生
03 あさか　安坂　安積　浅香　朝香　麻賀　朝霞　朝加　朝下　浅加
04 あべ　阿倍　阿部　安部　安陪　安閉　安閑　阿拝　阿閉　安辺　猜
05 いつき　一木　井次　五月　五木　五来　伊月　伊筑　伊槻　壱岐　斎　樹　逸

木　櫟木

06うざい　有雑　於斉

07えだ　朶　江田　荏田　依田　衣田　枝　栄田　恵田　榎田

08えびす　蛭子　恵比寿　恵比須　戎　戎子　胡　胡子　夷子　俘囚　俘因　海老
子　蛭　蛯子

09おおば　大場　大庭　大羽　大波　大葉　大饗

10かがみ　鏡　鑑　香我美　加々美　加々見　加賀美　加賀見　各務　嘉神　香美
加上　賀上　利光

11かくらい　加倉井　角来　角頼　家久来　覚来　賀倉井　隠井　鶴来

12かさい　川西　加西　可西　河西　香西　笠井　笠合　笠居　嵩井　葛西

13かすかべ　月下部　春日部　春日戸　春部　粕壁　糟壁

14かぬち　金　家内　鉄工　鉄師　銅工　鍛冶　鍛　鍛師　鍛人

15かねた　金田　兼田　包田　金多　歌音多

16かのう　加納　嘉納　叶野　叶　鹿能　十七夜　十七夜月　加名生　加能　加野
可能　加濃　和　金太　金生　称　蚊納

17かば　樺　椛　蒲　鹿馬　加場　加波　加庭　架場　枷場
18かぶき　加無木　甲木　冠木　冠城　神楽　株木　蕪木　歌舞伎
19かまつか　一寸八分　一尺二寸　一尺二寸五分　一尺八寸　寸八寸　寸八分　構司
鎌柄　鎌塚
20かも　加毛　賀茂　加茂　鴨　鹿茂　嘉茂　鹿毛
21かや　萱　茅　蚊帳　加悦　栢　賀谷　賀屋　榧　加谷　加陽　賀陽　柏　加
舎　茸
22かんだ　神田　菅田　勘田　間田　上田　刈田　欠田　甘田　寒田　間田　韓田
綺
23きくち　木口　菊久池　菊千　菊地　菊池　規矩地　喜久智　釈子
24きすぎ　来生　来次　木次　木杉
25きとう　木頭　紀藤　木藤　生陶　岐刀　来藤　城東　鬼頭　鬼藤
26きのくにや　紀国屋　紀伊国谷　紀ノ国谷　紀国谷
27きや　木谷　木屋　木矢　木夜　木舎　気谷　紀谷　喜谷　喜屋　貴家
28きよえ　清江　清枝　清栄　喜代吉

29きら　吉良　綺羅　雲母　雲英　喜良　木良　木羅　企救　吉楽　気良
30くるま　久留間　久留真　久留麻　来留　来馬　来間　車　郡馬　栗真
31けんじょう　見城　見上　見生　見条　見常　見乗　見定　軒上
32こうがみ　鴻上　高亀　甲上　幸上　幸神
33こもり　子守　古森　小守　古守　小森　小杜　小盛　小毛利　児森　籠
34さか　三箇　久里　尺　争　佐加　佐香　坂　阪　栄和　酒　橙　属　嵩　嵯　峨
35ささき　三枝　笹木　篠木　佐々木　佐佐木　佐々生　佐々城　佐々貴　左々木　左崎　佐左木　佐伯　佐舎木　佐前　笹気　笹城　陵　沙々貴　雀　榊　鷦鷯
36ししくら　肉食　肉倉　宍食　宍倉　海倉　猊倉　菱倉　鹿倉　猿倉　獅子倉
37しずめ　志津目　静目　鎮　鎮目　鎮日　日詰
38しば　芝　柴　司馬　志波　斯波　紫波　志羽　志馬　司波　桒　榛葉　標葉　清波
39しょうじ　障子　庄司　正治　東海林　庄子　荘司　精進　東海枝　匠司　庄二

40しんかい　新開　新貝　新谷　信開　慎悔　宍
41ずし　逗子　厨子　図師　図子　円司　辻子　頭司　頭師　豆子
42すずき　鈴木　尻林　寿々木　寿木　寿松木　進木　鱸　須々木　涼木　涼樹
雪　椙木　鈴酒　錫木
43すみだ　墨田　隅　隅田　住田　澄田　角田　炭田　済田　寿美田　楞田
44すわ　諏訪　周防　周芳　洲波　洲和　斯波　諏方　須羽　須和　須和　阪波
45せがわ　世川　沢川　谷川　妹川　栅川　牲川　畝川　清川　勢川　瀬川　瀬河
46せと　世戸　世渡　世登　西刀　門廻　廻門　背渡　背戸　風戸　脊戸　浜戸
勢戸　勢門　瀬戸
47せんば　千羽　千把　千波　千馬　千場　千葉　仙波　仙庭　仙葉　前場　前波
洗馬　泉端　泉波　先馬　先場　船場　舟場　善波　戦場　銭場　撰場
48そうか　左右加　早加　早可　宗加　相可　草下　草加　草可　草荷　荘加　添
加
49そごう　十河　十川　十合　十郷　三河　沢川　沢河　曾合　曾郷　寒川　楚郷
硤合

50その　岨野　苑　素野　曾乃　曾能　曾野　僧野　園　薗　爾　蘇野

51たかくら　大下倉　高倉　高庫　高座　高椋　高蔵　高鞍　貴倉　鷹倉

52たかし　孝　孝志　尚　尚師　高　高士　高子　高氏　高司　高石　高志　高足
高城　高蘆　隆　隆志　堯　鍛　鷹司

53たかなし　小島遊　小鳥遊　少女遊　少島遊　高梨　高梨子　高無　鳥遊

54たかはし　多加橋　孝橋　高梁　高階　高端　高嘴　鷹觜　高椅　高橋　高箸　鷹
羽司　鷹啄　鷹箸　鷹橋　鷹嘴

55たけなみ　竹次　竹並　竹浪　竹波　竹南　岳波　武並　武南　武浪

56たけべ　竹辺　竹部　竹葉　武辺　武部　建部　高家　健部

57たけや　田宅　竹矢　竹屋　竹谷　竹家　武矢　武谷　武舎　武家　武箭　建屋
達谷　達谷窟

58たんぼ　丹保　丹圃　田圃　反甫　反怖　反圃　反保　旦保　田甫　田保　多武
保　谷保　畝　短保　端保

59ちはや　千々岩　千千岩　千早　千岩　千屋　千剣破　千破屋　千速　千盤　千
磐　千劔破　千頭　茅早

60ついひじ　二十五里　十六里　六十里　廿五里　対比地　筑比地　筑肱　築比地

61つげ　告　拓　拓植　拓殖　柘　柘桂　柘植　柘殖　柘嘴　津下　津毛　津家　託　都下　都介　都祁　都花　都家　都解　黄楊　黄揚　詑　継　詫　闘鶏　闘雞

62つづき　仲　津々木　津築　都々木　都津木　都月　都竹　都筑　筑木　筑城　続　続木　続葛　綴　綴木　綴喜　劉　調　築木　築城

63つづら　綴　九十九　九寸九　九折　十九　十九浦　五十曲　廿楽　甘楽　竹楽　防己　津々良　津々楽　粒良　黒葛　葛籠　螺　螺良

64てんま　天馬　天万　天満　天麻　天間　天魔　天摩　天磨　伝馬　転馬

65どうめき　百女木　百日木　百日鬼　百目木　百目金　百目鬼　百目貫　百相　百面相　百亀　同免木　同魚木　泥目木　泥泪　動目木　動目記　堂目木　道目木　銅目木　藤貫

66ところ　山老　戸頃　処　床呂　所　野老　野老山　野呂　嵡

67とどろき　二十六木　八十八旗　八十八騎　十八騎　十八崎　十十六木　十時　土々呂木　廿六木　舎利仏　舎利弗　舎利払　動木　等々力　等力　等

等力　轟　轟木　轟原　驫

68どめき　百女木　百目木　百目鬼　百目貫　百目亀　百相　百笑　轟

69とやま　刀山　丸山　戸山　斗山　外山　利山　度山　砥山　兜山　富山　都山
冨山　渡山　登山　豊山　篷山　蠣山

70なか　中　半　央　仲　名加　名香　名嘉　那可　那伽　那河　那珂　那家
那賀　奈加　奈河　奈賀　南賀　娜珂

71なかあき　八月十五日　中明　中秋　仲秋

72なとり　名　名取　名執　名理　明取　揖取

73なら　乃楽　中良　名良　那良　那羅　奈良　奈羅　南良　柳楽　柞　楽世
楢

74にい　二井　二居　二位　二瓶　丹井　丹生　仁井　仁位　仁居　乳井　新
新井　新居　贄

75にき　二木　仁木　仁旗　仁喜　仁城　丹生

76にしな　二科　二階　丹科　仁品　仁科　仁秋　仁階　西名　西那　西奈　西科
西銘　荷科

77 にった　二田　仁田　日田　似田　新夕　新田　新多

78 にゅう　丹生　壬生　壬部　王生　利　枌　鈕　新卓　新阜　新楽　鳰

79 ぬき　扎　奴木　札　努宜　沼木　貫　椙　溺城

80 ねぎ　大戸　子木　年宜　弥木　祢木　唁　根木　根来　根宜　葱　熱木　禰宜

81 のり　告　法　乗　海苔　則　規　野里　野理　程　範　糊　憲

82 はが　八賀　半合　羽下　羽我　羽賀　花我　花香　芳香　芳賀　併和　波賀　茅賀　垪和　祝賀　塀加　塀和　番賀　葉狩　葉賀

83 はじめ　一　大　弌　元　甲　甫　初　甚目　首　朔　肇

84 はせ　土師　長谷　馳　初瀬　叺　羽勢　羽瀬　波瀬　泊瀬　番町　畭

85 はせがわ　沙魚川　初瀬川　泊瀬川　長克川　長谷川　長谷河　長瀬川　発生川　鳥谷川　馳川　糠川

86 はば　八葉　八幡　巾　羽波　羽馬　羽場　波々　波波　波場　馬場　掵　幅　端場　幡

87 はぶ　七生　八生　土生　半布　吐生　羽生　羽部　波分　波布　波生　波浮

88 はやし　波部　青生　青合　垣生　埴生　飯布　幡豆　幡部
早　早司　早矢　早矢止　早矢仕　早矢任　早志　拝司　拝四　拝志
拝師　拝慈　林　林辺　林猪　林銑　茂　破石　速司　晨　壙　麓

89 はるみ　東見　春見　春海　春美　晴海

90 ひえ　日永　日吉　日枝　日栄　比江　比延　比恵　比叡　氏衣　氷江　稗
檜枝

91 ひかわ　干川　日川　比川　氷川　辺川　坡川　肥川　飛川　飛河　桧川　桶川
備川　斐川　陽川　樋川　檜川　檜皮　簸川

92 ひずめ（ひづめ）　二十九　二十九日　二十九里　十九日　十二月一日　十二月朔日　十二
月晦日　十二月晦　十二月晩日　廿九日　二十九目　二十九里　日極
日詰　火爪　旭爪　肥爪　晦日　極月梅　極月晦　極月晦日　極月晩日
筧爪　樋爪　樋詰　蹄

93 ひだ　日田　比田　火田　氷田　疋田　妣田　披田　肥田　飛田　飛多　飛驒
飛駄　飛弾　桧田　秘田　斐太　斐陀　斐陁　斐敷　槭田　稗田　樋田
緋田　薭田　檜田　檗田　鶉田

94 ひだか　日高　日隆　日鷹　氷高　肥高　飛多下　飛高　飛鷹　樋高　檜高

95 ひなし　十二月晦日　日名子　日脚　梧月晦　極月晦　極月晦日　極晦日

96 ひるた　日留田　比留田　画田　昼田　蛭田　蒜田

97 ひろし　広　広司　広志　弘　宏　恢　洋　寛　寛司

98 ふかわ　不川　布川　布河　布鎌　伏丸　伏川　扶川　府川　府河　浮川　深和
符川　富川　普川

99 へんみ　片見　辺見　免見　逸水　逸見　逸身

100 ほずみ（ほづみ）　八月一日　八月朔　八月朔日　八月晦日　八角　八朔　八朔日　帆角
秀実　秀美　秀真　秀積　宝角　保住　保角　保泉　保栖　保積　住
穂集　穂摘　穂積

101 まがき　曲木　曲垣　真垣　栫　笆　琶　鈎　鉤　間垣　間墻　潘　藩　籬

102 まつざき　末崎　全先　先崎　松前　松崎　松嵜　金先

103 みき　三木　三生　三池　三城　三帰　三鬼　三亀　三喜　三輝　三樹　未来
見木　見城　見喜　参木　味木　味喜　実木　実城　実浄　実樹　神酒
美木　美吉　美紀　美起　美樹　酒造　造酒　御木　御来　御城　御酒

104むさか　　御喜　御榊　御樹　湛　幹
　　　　　　八道　六平　六坂　六崎　武坂　武笠　穆佐
105ゆするぎ　万木　石動　石動山　石動木　岩動

この出題に当たっては文献〈日外アソシエーツ編集部編『苗字8万よみかた辞典』〈一九九八年、日外アソシエーツ〉、『難読姓氏辞典』〈一九七七年、東京堂出版〉〉を参考にして選択した。

表記には漢字を仮名に改めて読み返すと位置が転倒しているものがあったり、「ひ」と「し」とを混同しているものがあったりで、地域性〈方言の訛り〉を反映していると考えなければならない場合も少なくない。新姓を採用する側の教養を疑わせるような文字遣いもある。なぜこのような文字で表したのかという理由を説明するのが困難な例が多いのである。

表記が多様であることの原因は、漢字の「制限」がないということに求めるべきであろう。漢字の字種、音訓の数。熟字と日本語との対応のさせ方にかなりの恣意が入り込んでいること。誤記の混入とその自覚のなさ。それぞれを律する国語政策的な観点が取り入れられていなかったことが、こうした「クイズ」を産み出すことを可能にしているのである。

この事情は、姓氏の下に続く名前の方も同じであった。しかし、こちらには多少の制約らしいものがあったことを認めなければならない。

名前と日本人

いろいろな名前があること

人はその生涯にいくつの名をもつのであろうか。現代の社会生活では本名とあだ名程度の名前があれば事足りる人が多いかもしれないが、実際にはもっと数多くの名が存在し、また、それを必要とする人もいたのである。その概略に触れておきたい。

まず、今思いつくままに名に関する語を列挙してみる。現代でも用いられるものもあれば、過去の遺物になってしまったものもある。

幼名　本名　実名　愛称　ニックネーム　あだ名　筆名（ペンネーム）　ラジオネーム　ハンドルネーム　芸名　職業名　屋号　地名　官職名　通称　呼び名　略称　戒名　院

号　諡号（おくり名）　諱（いみ名）　書斎名　源氏名　字（あざ名）　などなど。

幼名

人がこの世に生まれ出るとすぐに、新生児に名をつける。「幼名（ようみょう・おさなな）」とか「童名（わらわな）」とかというのがこれである。「小字（こあざな）」「若名（わかな）」「乳名（ちちな）」と称することもあったようである。乳幼児の時期からの名でもあるが、成人の儀式を迎えるまでの期間、かつては誰しもが持つ名であった。

江戸時代の日常知識、教養、作法を説いた書に『女重宝記』がある。その元禄五年刊本の三の巻に、

名をつくる事、七夜の内たるべし。名いまだ極《きま》らずは、仮り名なりとも七夜の内に付るを祝儀とす。

とあって、子どもが生まれると、七夜までの間につける。七夜までに決めることができない場合には差し当たり仮の名をつけてしのぐということが見える。今日でも名前は、いわゆる「お七夜」に命名披露をすることが多い。それは昔からのならわしなのである（法的には十四日以内に役所に届け出ることになっている）。その行事の様子は次のようなものであった。武家の家庭などでは父が名前を折り紙に書いて太刀などの祝いものを添えて子ども

に与える。幼名は松竹梅や鶴亀などのめでたいとされた動植物、または百千万の齢《よわい》を重ねるという縁起かつぎによって文字（松千代、菊千代、鶴松、亀王）を選ぶこともあったが、こうしなければならないという決まりがあったわけではない。

幼名は、貴顕の人々の間では文字通り幼少の時の名である。しかし、一般庶民の間では、生涯幼名だけで呼ばれる人々も少なくなかった。この名前は奈良時代にすでに盛んに用いられたらしい。そして成長してからも、そのまま幼名を用いたようである。試みに奈良時代の写経生の名前を「経師等行事手実《しゅじつ》」（『大日本古文書』第七巻）に見ると、

安曇広万呂（ひろまろ）　呉原生人　古頼小僧　忍坂成万呂（なりまろ）　三島宗万呂（むねまろ）　山辺千足　加良佐土万呂（さとまろ）　凡河内土持　高広万呂（ひろまろ）

佐伯浄足　櫟井馬甘　茨田万呂（まろ）　大鳥祖足　物部足人　山部花万呂（はなまろ）

阿刀息人　蜷川真足　吉母建万呂（たけまろ）　坂合部文万呂（あやまろ）　安子石勝

尋津広浜　民使石山　忍海新次　忍坂墨坂　太臣足　伊香馬養　爪工宿奈万呂（すくなまろ）　宍人小常陸　安得奴志　万昆公足　額田部小足　古乎万呂（おまろ）　鬼室石次

辛浄足　淡海金弓　万昆島主　建部広足　大石広万呂（ひろまろ）　大鳥高人　宍人三田万呂（みたまろ）　高豊島　達沙牛甘　葛野安万呂（やすまろ）　志紀人成　丸部石敷

萬昆麻呂（まろ）　大日佐安万呂（やすまろ）　尺広（度）虫万呂（むしまろ）　山部吾方漢人浄万呂（きよまろ）　山辺諸公　丈部阿古万呂（あこまろ）　調屎万呂（くそまろ）　丸部島守　一難宝郎　雀部島足　登美加是　私部石島　道守味当　秦犬　出雲蓑万呂（みのまろ）　美努足人　倭御勝　王国益　辛国人成　薗部広足　秦大床　伊吉馬養　高忍熊　伊福部男依　海部世宇　紀部子沙弥　犬甘広野　山川浄足

ここに目立って多いのは、「―まろ」型人名である。その表記は写経生名だけでも、「―万呂」のほかに「―麿」、「―麻呂」、「―末呂」が見られ、他の文献にまで視界を広げると、さらに「―萬呂」「―萬侶」「―満呂」「―満」など、さまざまの表し方がある。実にポピュラーな名づけの「―まろ」であるが、これらの人々はむろん成人であるから、幼名をそのまま用いたものであろう。

「正倉院文書」で、女性の名を見てみると、「―売」「―女」など、名の後接成分としていくらか決まった形式があったようである。それを少し例示してみると次のようなものである。

○「―売」の表記

大根売　古富根売　若大根売　刀自売　小刀自売　小宮売　宮売　手子売　伊呂売　若

売　広刀自売　布与売　古都売　真都売　古麻都売　刀良売　久爾売　小久爾売　伊良売　古与理売　弟売　子売　古呂売　阿耶売　黒売　塩売　妹売　家主売　徳依売　小徳売　虫売　阿尼売

○「―女」の表記

小女　足女　広女　小広女　当女　津村女　稲依女　小妹女　小足女　黒女　橋足女　真成女　羊女　吾女

○「―メ」とならない名

弥都　古奈　古夜　刀自　乎刀自　黒　麻刀

「―売」「―女」の形式をとらない女性名は、陸奥の国の戸籍に著しく、「―女」の形式は、戸籍では因幡《いなば》国と常陸《ひたち》国あたりに多くの例を見る。つまり、「―売」以外は、地域的な偏りがあったと見られるのである。したがって、まずは「―売」の形が、古代の女性名の基本的なものであったと考えてよいであろう。

後には、女の童名「―メ」がそのまま字《あざな》となり、その字が実名の代用となる場合も多くなったというふうに理解できると思う。

鎌倉時代以後も、宮廷や武家に仕える女子の名前は、平安以来の伝統に従った。

たとえば、『大上臈御名之事《おおじょうろうおんなのこと》』という書物に、

「一さるべき人々の召つかふべき女房のしだい、上らふをさな名をよぶべし、たとへばちやちや、あちや、五ゐなどよぶたぐひ成べし、唯上らふともいふべし（中略）一中らふ、くわん、あるひは町の名、又をさな名をよぶなり、じじう（侍従）、せうしやう（少将）、さいしやう（宰相）、かすが（春日）、れんぜい（冷泉）、ほりかは（堀川）、大みや、一条、二条、このたぐひなり。」

この記事によれば、室町時代には女房たちは幼名でも呼ばれたようである。その幼名には、ちゃちゃ・あちゃ・かか・とと・あこ・あか・あと・ここ・ちゃち・つま・あや・よよ、などというのがあったことを、やはりこの書物は伝えている。

幼名の余響

私の田舎では「本家」と呼ばれる家があって（それは私の田舎に限ったことではないが）、そこの先々代の老人の機嫌のよい時の昔話として聞かされたことだが、その人の父親というのは入り婿だったそうで、舅《しゆうと》に頭が上がらなかったらしい。で、子どもが生まれた時も命名権は舅の側にあって、「卯年生まれなので、うさ吉にしたから、役場に届けて来るように」と言われるまま畏《かしこ》まって出かけたのだったが、みちみち自分の子が長じても「うさ吉と呼ばれるのなんて、気の毒」と心を痛めながら役場

に行き着いたのだという。届けには舅の言い付けに反し、つい「恒吉」と記し、そのまま報告せずに学齢まで放置していたという。

当の恒吉さんは何も知らずに日常「うさ吉」と呼ばれ、それで幼少時代を過ごした。やがて小学校入学を迎えたところ、学校では誰ともわからぬ名前で呼ばれることになり、一大パニックを引き起こし混乱した挙げ句、事の真相が知れるに至ったという。明治の二十年代の出来事である。「うさ吉」が、親しみやすい幼名として機能していたとしたら、名を一本化して本名（実名）のみに制限する前の時代の余響と見ることができるのではなかろうか。似たような話は丁寧に探し求めれば、あちこちにゴロゴロしているのかもしれない。

実名

元服し一人前の大人となると、さらに名前を加えることになる。これを「実名《じつみょう》」という。また「名乗り」とも「名字《みょうじ》」とも呼ぶ。平安時代以前だと、表記に用いられている漢字の音訓を問わず、純然たる和語を用いていたが、後には漢語風の音読みをも採用するようになった。本来なら訓読みの名が、音読みの形で行われることがある。例えば、「家隆」は実名〈いえたか〉であるが、〈かりゅう〉という形で口にされる。音読みの形を取ることで、実名を通称（呼び名）に転じたものと考えられるが、直接実名を口にすることを避けるという、ある種の敬意の表現をしてもいるのである。さらには、単なる流行ともなったようである。本居宣長《もとおりのりなが》の『玉勝間《たまかつま》』に、

人の名を、世に文字の音にて呼ならへる事、ふるくは、時平《シヘイ》ノ大臣、多田ノ満仲《マンヂウ》、源ノ頼光《ライクワウ》、安部ノ晴明《セイメイ》などのごときあり。やや後には、俊成卿、定家卿、鴨ノ長明など、もはら文字こゑにのみ云ひならへり。琵琶ほうしの平家物語をかたるを聞くに、つねにはさもあらぬ、もろもろの人の名どもも、おほくは文字こゑに物すなるは、当《ソノ》時《カミ》ことに、世の中にさかりなりしことなめり。（九の巻）

実名は、むやみと人中で口にすべきものではなかった。それは地位の高い立場の者が低い者に対しても配慮が必要とされることだった。『吾妻鏡《あずまかがみ》』には平（北条）政子が、その息、将軍源頼家を戒《いまし》めた話を載せている。それには、

源氏等は幕下（頼朝）の一族、北条は我が親戚なり。よつて先人（頼朝）頻りに芳情を施され、常に座右《ざゆう》に招かしめ給へり。而《しか》るを今、彼の輩等に於いて優賞無く、剰《あまつ》さへ皆実名を喚《よ》ばしめ給《たま》ふの間、各《おのおの》以て恨みを貽《のこ》すの由、其の聞こえ有り。所詮、事に於いて用意せしめ給はば、末代と雖《いえ》ども濫吹《らんすい》の儀有るべからざるの旨、諷諫《ふうかん》の御詞を尽くさると云々。

（正治元年〈一一九九〉八月二十日）

とあり、頼家が源氏や北条の家臣たちを実名で呼び、官職名で呼ばないことを、その家臣たちが不満に思っているので、それを止めるようにすればみだりがわしいことは起こらないだろうと言っているのである。立場が上であっても「実名を呼ぶことをなめし（無礼）とする」考えが支配していたこと（『玉勝間』一の巻）を物語るものである。

「実名敬避」という習俗があったと言われる。それは、「たくさんの名を持つこと」、「本名を明かさないこと」、「目上を（場合によっては目下をも）実名で呼ばないこと」などをも含意しているが、敬意を表明することの一種として「同名を避ける」という行為は、平安時代までには絶えてなかったようである。したがってそれは中世より起こったと見られる。天皇あるいは皇子、皇女および外戚である大臣等のために、その姓を改めたことさえあった。後世にはまた文字を「欠画《けっかく》」（漢字の最後一画を省き、貴人への遠慮を示す）することも見られたが、漢学者たちが中国でのやり方に倣《なら》って私的に行ったことに始まる。

実名を敬して避けるということに関連して考えなければならないことは、「諱（いみな=忌み名）」という語があり、実名の意味にも用いられることである。

『文徳実録《もんとくじつろく》』嘉祥三年（八五〇）五月五日の記事に、次のようにある。

天皇誕生。乳母有り。姓は神野《かんの》。先朝の制、皇子の生まるるごとに、乳母の姓を以て之《これ》が名と為す。故に神野を以て天皇の諱と為す。後、郡の名、天皇の諱と同じきを以て、改めて新居《にいはり》と名づく。

従前、皇子誕生のときは乳母の姓を皇子の名とする例があるので、嵯峨天皇誕生の際は、乳母の姓を神野というので、皇子を神野と名づけたとある。さらに、同じ地名の改名もしたというのである。この名づけの方法は、平城天皇の場合にも認められる。

平城天皇の御諱、はじめに小殿《ヲトノ》と申せしを、安殿《アデ》と改め給へり。そのかみすべて皇子たち諸王などの御名、いづれも御乳母の姓をとれる例にて、此の小殿と申せしも、続紀（続日本紀）三十九の巻に、御乳母安倍ノ小殿ノ朝臣堺と云ふが見えたる、此の姓なり。安殿も、此の安ノ字と殿ノ字をとり給へるなり。さてこは阿伝《アデ》と字音に読み奉るなり。紀の国の在田ノ郡は、もと安諦《アデ》ノ郡にて、書紀（日本書紀）続紀に、阿提《アデ》ノ郡とも書かれたるを、この天皇の御名に渉《ワタ》るをもて、大同元年に、在田ノ郡とは改められき。（『玉勝間』十三の巻）

嵯峨《さが》天皇に次いで即位した仁明《にんみょう》天皇は諱を正良といい、この時から中国風に諱をつけるようになった。

『故実拾要《こじつしゅうよう》』（第一）に、

これ親王の御諱には仁の一字を用ゐらるること天子に同じ。都《すべ》て仁の字は天子・親王の外用ゐざることとなり。臣下の諱に仁の字を用ゐると云ふとも、ヒトと唱へず。ジンと称ふ。譬へば忠仁公などと云ふが如し。

とあるが、この書ではその諱の意が錯綜している。そもそも諱は、(1)死後にいう生前の名、(2)死後に尊んでつけた贈り名(諡号)、(3)実名の敬称、という三通りの意味が考えられるが、実名は最後の(3)に該当している。混乱を避けるためには、その語が、その人のどんな時期、どんな立場に向けて用いられたものかという配慮も必要である。

地名は、和銅六年(七一三)に、勅命により、国・郡・郷の名を好字二字に書き改めることになり、科野《しなの》を信濃、針間《はりま》を播磨と書き、木国《きのくに》も紀伊国と書くようになった。人名についでは特に命令はなかったようであるが、名前を選んでつける際に、「嘉名《かめい》」をもってするということは古くからあった。

『江家次第《ごうけしだい》』(『江次第』とも称する)には親王の名を選ぶ場合の規定が述べてある。それによると、博士が勘文《かんもん》をしるし、三種以内の名を候補として選び、奏上する。それは「━書━某━反也」という書式による。この規定では、選んだ漢字の出典と、その字音を示す反切《はんせつ》を記すことになっている(反切については後述する)。その書き方には「本文並びに音訓を注す」と示してあるから、字義も書き記し、日本語による読み方もわかるようにしたものと思われる。

後のものであるが、『古事類苑《こじるいえん》（姓名部）』に引く『後深心院関白記《ごしんじんいんかんぱくき》』応安四年（一三七一）三月十日の記事によれば、菅原高嗣《すがわらのたかつぐ》が後円融《えんゆう》天皇（一三五八―九三）の諱《いみな》を定めるについて勘文を奉ったが、その中に、昭仁・成仁・緒仁の三つを選び、そのおのおのについて出典・読み方を示し、たとえば、

昭仁（テルヒト）

広韻《こういん》に曰《いわ》く。昭は。上遥の反《はん》。日の明き也。著き也。

左伝《さでん》に曰く。五色の、象に比し其の物を昭かにす。

東宮切韻《とうぐうせついん》に曰く。政事を理して成功に至る。之を仁と謂《い》ふ。

爾雅《じが》に曰く。大平の人。仁也。（原漢文）

と記している。「昭」の反切を『広韻』によって示し、さらに字義《日が明るく物を照らし、はっきりと本質を明らかにする＝てる》を、『広韻』『左伝』によって示している。「仁」は、後冷泉《ごれいぜい》天皇の名に「親仁」が用いられた十一世紀以降、皇子の名に採用されることが多かったから、「仁」の反切・字義の注記は踏襲されたものであろう。

後世にはその漢字の反切を単に字音（発音）表示の手段として用いるに留まらず、吉凶を判断する材料として利用したり、字画の画数を数え陰陽五行《いんようごぎょう》の説に従って字の善し悪しを判断したりする場合も見られるようになった。「反切」とは、漢字の音を別の二字によって示す方法で、例えば「東」の音を示すのに、「徳紅の切《せつ》（反《はん》）」として先の漢字によって頭子音（声紐《せいちゅう》）、後の漢字の方で韻を表し、これを組み合わせることによって〈トウ〉という発音を示すのである。

『中右記《ちゅうゆうき》』の元永二年（一一一九）六月十四日・十六日の記事によると、若宮（＝崇徳《すとく》天皇）の名づけに当たって、大学頭《だいがくのかみ》藤原敦光《あつみつ》が候補として選んだのは「顕仁」「為仁」の二種であった。『中右記』を記した藤原宗忠は、このうちの「顕仁」が勝っている旨を奏上したが、理由として、「顕仁」の反音が「欣」になることを挙げている。「顕」はケンで、ケの頭子音はカ行音で、「仁」はジンで、ジはイ段音である。カ行のイ段音はキで、これをジと置き換えると、キン、すなわち「欣」の音が得られる。「欣」は、よろこぶという意味で、めでたい字だというのである。

細かいことになるが、中国の韻書でも、韻書によってその基とする発音が行われていた時代・地域が異なる。『広韻』では、「顕」「欣」ともに暁母《ぎょうぼ》に属し頭子音は共通だから問題はないが、「仁」は平声真韻に属し、「欣」は平声欣韻に属して、韻を異にしている。ところが、『広韻』より時代が下る『中原音韻《ちゅうげんおんいん》』では、「仁」「欣」ともに真・文の韻に属していて、「仁」は陽、「欣」は陰として配されている。宗忠がどの韻書を用いたかは明らかではないが、中国側の韻書を後生大事に利用した例にはなる。論理的に考えれば、発音を示す方法が、吉凶を占う運勢判定とは直接結びつく必然性はないというべきであろう。

しかし、現在に至るまで、文字に運勢の吉凶を見ようとする書籍は跡を絶たない。江戸時代には、中国における漢字音の体系を一覧するための表である『韻鏡《いんきょう》』をこのために利用した。僧盛典《せいてん》の『韻鏡易解』『新増韻鏡易解大全』、毛利貞斎《ていさい》の『韻鏡袖中秘伝《しゅうちゅうひでん》抄《しょう》』などには、詳しい解説が見られる。『新増韻鏡易解大全』の「韻鏡易解改正重刻序」によると、『韻鏡易解』は七千余部を印刷し頒布した由であるが、純粋に音韻学の学習に用いられたというよりは、姓名判断用の参考書として人気を得たものであるらしい。少し遅れて登場した韻学の学究文雄《もんのう》の『磨光《まこう》韻鏡　下（韻鏡索隠）』『磨光韻鏡　後篇（韻鏡指要録）』や国学者本居宣長の『玉勝間』（十四の巻）に、その論の当たらないことを説いているが、耳を傾けない人々にとっては関係ないことだったのであろう。

また、「名を賜《たま》う」ことも古い時代に起こって、特別に与えられた名を名乗ることを求めることもあった。自分の片名《かたな》（偏名）を賜うということがあったし、また、父祖の名を襲《おそ》うということも古くからあることで、これには片名を用いる場合と、全名を用いる場合（襲名）との別が見られる。名の一字で代々踏襲するのを特に「通字（通り字）」と呼ぶことがある。平氏の名では忠盛―清盛―重盛―惟盛と続いた「盛《もり》」が家の通字と意識されたし、千葉氏では、常胤―胤正―成胤―胤綱―時胤―頼胤と続く「胤《たね》」字を片名としていた。皇子に片名を与えるということは、嵯峨天皇に始まるかと考えられ、源氏に下った皇子を除けば、正良・秀良・業良・基良・忠良と名づけられている。続く淳《じゅん》和《な》天皇の皇子も、一人を除外して、恒世・恒貞・恒統と、「恒」字が用いられている。

自分の家に通り字のあるときには、それと烏《え》帽《ぼ》子《し》親《おや》からもらった片名とを結びつけて名乗りとした。たとえば北条時頼《ときより》の嫡《ちゃく》子《し》正《しょう》寿丸《じゅまる》は元服の日に将軍宗尊《むねたか》親王の片名「宗」の字をもらって、それに北条家の通り字の時を結びつけて、時宗という名乗りを与えられた。徳川光圀《みつくに》の名乗りは、「寛永十三年丙子七月九日、武州江戸の御城にて御元服、大猷公（家光）御諱の一字を賜ひて、徳川左衛門督光圀と称せらる。御歳九歳」（『西山遺事』）とあるとおり、家光の光の字をもらって作ったものであることがわかる。

平安時代には、ごく一部の上層の女性しか実名が知られることがない。『尊《そん》卑《ぴ》分《ぶん》脈《みゃく》』には単に「―女」「女子」とだけあって名を示さないことが多い。『本朝皇胤紹運録《ほんちょうこういんじょううんろく》』によれば、嵯峨天皇の内親王（源氏に下ったのを除く）の名を正子・秀子・俊子・芳子・繁子・業子・基子・宗子・有智子・仁子・純子・斉子とあり、この例が古い。貴族の例では、藤原冬継《ふゆつぐ》の二人の娘の名に順子・吉子とあるのが初見かと見られる。

貴族の女性が入内《じゅだい》する際、新たに名字を選んでつけるということもあったらしい。『台《たい》記別記《きべっき》』久安四年（一一四八）八月七日条に、藤原頼長《よりなが》の養女が入内することになって、名字を選定した際に、大外記《だいげき》中原師安《もろやす》が名字の勘文《かんもん》に対して述べた意見を載せている。

御名の勘文拝見。之れを返上す。愚案の及ぶ所、「多字」優に候か。名字の多は平声を用ゐるべしと云云。又た親王並びに婦人の名、訓未だたしかならざる字用ゐずと云云。是れ〔欠字〕公の御前に出すには、声に読むべからず。訓に読むべきの故と云云。而るに近代、間々訓たしかならざる字等見え候。如何。就中《なかんずく》多の字、万佐留《まさる》と云ふ訓候か。いよいよ神妙に覚え候。子細はただいま参入して言上せしむべく候の状、件《くだん》の如し。

字音と訓に十分な配慮をすべきだという考えが示されている。特に、名を訓読みの形で口にすることを意識していることは注目してよい。

最も古典的な実名の表記は、「丹治比〔氏《うじ》〕真人〔姓《かばね》〕邑刀自〔実名〕」というふうに、氏と姓を冠して書かれる。後にはしばしば姓は省略されはしたけれども、たとえば「藤原朝臣利通《としみち》」（大久保利通）のごとく、明治四年（一八七一）に至るまで公式文書には実名の上に氏と姓が冠せられ、「足利尊氏」のように、家名の下に実名を記す方式はなかった。中世に近づくにつれて、氏＋姓＋実名の制が頽《くず》れ、あるいは表面より退き、家名や字《あざな》が優勢となり、特に武家や庶民の間では、字が実名の地位を奪った。

字①――呼び名

実名のほかに「呼び名」がある。これはまた別に「通称」「仮名《けみよう》」ともいう。幼少年時代には、幼名を用いるが、成年に達して元服の式をすると、呼び名と名乗り（実名・名字）がつく。呼び名に、「排行《はいこう》（輩行）」という方式でつけるものがある。出生の順にしたがって、兄弟姉妹の関係を表す場合、「広」の弟を「小広」、「黒売」の妹を「小黒売」といい、また、嫡子《ちやくし》を「小国」、次子を「弟国」ということがある。後の時代のように、一、二、三などの数字を用いることがないというのが、奈良時代の戸籍によって知られる事実である。『平家物語』などには、長男を太郎（一郎）、次男を次郎（二郎）、以下順に三郎・四郎・五郎・六郎・七郎・八郎・九郎・十郎と名づけられる例が窺える。そして十一番目になると余（のちには与の字を当てる）の字をつけて、余一（余市）といった。那須の与市、宗高の余市はそれである。これも順々に余一郎から余二郎・余三郎・余四郎・余五郎と名づけられた。この太郎、二郎、三郎も、はじめは単に長男、二男、三男の意味であった。『大鏡』に、

御をのこ子四人おはしましき。太郎左大臣時平、二郎左大臣仲平、四郎太政大臣忠平といふに、（中略）三郎に当たり給ひしは、従三位して宮内卿、兼平の君と申してうせ給ひにき。（太政大臣基経）

という例がそれを物語っている。平安時代には通常この意味で用いられたが、武士が勢力を持つようになる院政時代以降、呼び名としての用法が発達する。

さらに太郎の子は小太郎、次郎の子は小次郎、三郎の子は小三郎と呼ばれることがあった。熊谷小次郎直家というのは、熊谷次郎直実の子を表示する名であったわけである。小の字の代わりに又、新、弥の字を用いることも行われた。同じく、太郎の孫は孫太郎、太郎の曾孫は彦太郎と、「孫」「彦」を附して呼ぶこともあったのである。この呼び名を「烏《え》帽子《ぼし》名」とも、「元服名」ともいう。元服して、はじめて烏帽子を頭にいただくことになるが、その際に烏帽子親から与えられる名前で、幼名に代えて用いられるようになるからである。

排行に姓氏を加えた呼び名もこの後生じる。三善氏の太郎は善太郎、藤原氏の二郎は藤二郎などのタイプがそれである。これはそのほかの姓氏でも同様で、紀氏は紀、和気《わけ》氏は和、橘氏は橘、菅原氏は菅、大江氏は江、清原氏は清、中原氏は中、惟宗《これむね》氏は宗というように用いられた。ほかにも、豊原氏の豊、春原氏の春、長谷氏の長、丹治氏の丹などが用いられた。後には橘を吉と書き替え、菅を勘、江を郷、中を忠、紀を喜、宗を総あるいは惣に替えるようにもなった。

ところで、はじめは藤太郎・源太郎と郎をつけて呼んでいたが、後にはその郎を省略して、藤太・源太と呼ぶようにもなり、こうして某一（太）・某二・某三という名ができたのである。そして某二の二は次あるいは治を当てて、某次・某治とも書いて済ます行き方が広がり、某三の「三」は、もともとは〈さむ〉という撥音《はつおん》であったが、〈さう〉と音変化をした挙げ句、「ウ・ムの後濁る」という連濁の規則に従い、前接の音との兼ね合いで多く、〈ざう〉に発音された。それが一般化してほとんどの人名で〈ざう（ぞう）〉と呼びならわすようになって、造・蔵の字を当て用いて某造・某蔵と書くことが普及し、今日まで行われている。

さらに、官制が大いに乱れるようになると、官職名を使用して呼び名にすることが行われるようになる。最も多いのは、右衛門《えもん》・左衛門《さえもん》・兵衛《ひょうえ》・介《すけ》（あるいは助・輔・祐・佑・亮）・進《しん》・丞《じょう》などで、もし三善氏の人間だったら善右衛門など、藤原氏だったら藤兵衛などという呼び名も行われた。

そのほか監物《けんもつ》・蔵人《くらんど》・右近《うこん》・左近《さこん》・中務《なかつかさ》・治部《じぶ》・民部・刑部《ぎょうぶ》・式部・大蔵・内蔵《くら》・掃《か》部《もん》・主水《もんど》・外記《げき》・内記《ないき》・大学・右京・左京・主馬《しゅめ》などがある。こうした名前は、多くはその先祖に当たる人がかつてはそうした官人であって、その官職を子孫が世襲したことによるものである。平安時代以降そうした官職の特権を意識した買官《ばいかん》の風が起こり、こうした名前がいっそう一般化したらしい。

このほか右門・左門・多門・右内・左内・隼太《はやた》・数馬・頼母《たのも》・要人《かなめ》・一学《いちがく》・伊織・志津《しづ》馬《ま》・作馬・平馬・求馬《もとめ》・典膳《てんぜん》・右膳・左膳・転《うたた》・斎《いつき》などいわゆる「相馬《そうま》百官」または「東《あずま》百官」と呼ばれるものがあり、近世の武士の名前には相当利用されたが、これらは正式の官職名にまねて作られたものであった。『故実拾要』（第十）には、「非官名名」として次のように言っている（取意）。

伊織とか左門、頼母、数馬、久米あるいは一学、丹下など、これら名はそれぞれ皆朝廷の正式の官名ではない。かつて平将門が王と僭称《せんしょう》した時の百官の名称の余波だとも言う。あるいはまた鎌倉将軍家が朝廷の官名に準じて用いた官名とも言い伝えている。本当かどうかははっきりしないが、所詮朝廷が用いた正式の官名ではないのである。

この官職名の名前に排行による呼び名が複合して太郎左衛門・太郎兵衛・次郎左衛門・次郎兵衛式の名前ができあがった。これとは逆に左衛門太郎などという名前もできた。

中世の庶民は、日常的には字《あざな》と呼ばれる通称を用いていた。その字の種類と字の例を坂田聡『苗字と名前の歴史』から引いてみると、

①姓　型　字　源次　平三　藤三郎　中八　新清　紀内

②官途名型字　和泉大夫　因幡大夫　越後大夫（国名）
左衛門　右兵衛　左近　勘右衛門　兵衛太郎（役職名）
荘司　別当　検校

③童　名　型　字　犬次郎　辰三郎　鬼次郎　松丸　菊五郎　観音太郎　釈迦次郎　毘沙門
三郎

④その他の字　①〜③以外のすべての字
一郎・二郎・三郎五郎・八五郎

孫太郎・助三郎　孫・弥・助・彦・新・与・又

「分割相続が残る社会において、財産相続を行う際に、出生順はおのおのが相続する財産の分量を決める一つの重要な基準となった」とあり、また、「年齢的には大人になっても改名できずに、相変わらず童名しか名乗れない人々は、ステージアップする道を閉ざされた、社会的に一人前扱いされていない者、つまり、何らかの差別の対象となるような下層民であったかもしれない」とも指摘されている。③の字は実名と字の境界が明瞭でない。

言うまでもなく、呼び名は、一人で二つ以上帯びることもあるし、また身分、住居の異動といった諸種の理由から同一人の呼び名が変わる場合も少なくないのである。

女子の名は男子のそれに異なり、奈良・平安の昔は、「―売」と言い、「―姫」と言い、「―刀自」と言い、「―子」と言った（「売」や「姫」は幼名としても、通称としても用いられたようであるし、「子」は「小」同様指小辞であることから考えれば、当然可愛らしいものに対する親愛の情を表すのが本義であろうから、幼名に発するものであろう）。また、鎌倉時代以降、その尊称は「―前」、「―御前」、「―方」、「―御方」、「―御《ご》」と言った。後世はもっぱら仮名の二字となって、第二人称には上に「お」の字を加えることが行われた。

谷川士清《ことすが》『倭訓栞《わくんのしおり》』巻三　於の部には、

婦人の名に「お」を冠らしむるは、中古よりの事なり。西土（中国）の阿女《あじょ》、阿嬌《あきょう》など云るに倣へるなるべし。唐より始ると云。我邦にては太平記の、オ妻始なりとも云へり。

日知録に、「隋の独孤后を雲昭と謂ひ、訓みて阿雲と為す。今の閭巷《りょこう》の婦も亦《また》阿を以て挈《たずさ》ふる、其の始め也。」と見えたり。

とあり、女子の名に「お」を接頭辞としてつける淵源は中国にあり、日本での例のはじめは『太平記』あたりにあると見ている。『太平記』云々は、巻第二十二に見える「御妻」という人物を指す。美人だったが多情定まらぬ困った存在だったようだが、

其比《そのころ》菊亭殿ニ御妻《おさい》トテ、見目《みめ》貌《かたち》無類、其品《そのしな》賤《いやし》カラデ、ナマメキタル女房アリケリ。シカアレ共、元来心軽ク思定メタル方モナケレバ、何トナク引手数《あま》タノウキ網ノ、目モハヅカナル其喩《そのたと》ヘモ猶事過《すぎ》テ、寄瀬《よるせ》何《いず》クニカト我ナガラ思分《おもいわか》デゾ有渡《ありわた》リケル。

と登場する。「お――」のように呼ぶ名は、江戸時代に盛んに用いられたが、一方では、「小――」のタイプの名も行われる。小糸・小春・小万・小磯・小梅などの類である。これらは、明治以降もしばらくは有力な名前の類型として存在した。

女子および僧徒が官職名を呼び名とするということは、平安時代から起こったことで、

某中納言、某少納言などと称した。これを女房名とも候名《さぶらいな》とも称することがある。内裏（禁裏《きんり》）、院宮、将軍家、公卿、大名、富豪その他に仕える女性に向けられた呼称である。これは仕え先、地位、ならびに時代によって複雑である。ただ、他人が用いる呼称としては自然であるが、自称として用い得たかどうか明らかでない。人間同士の相互関係の中に、遠慮や好意だけではなく、羞恥という要素もあることからいえば、自分の名を自ら口にする行為が憚られることもある。ここに、羞恥心と関わらない指示語としての自称（第一人称）の代名詞が発達しうる余地が考えられるのである。

仮名とも言い、通称とも言う、呼び名としての字《あざな》[1]は、日常生活において自らも称し、他人もそのように呼ぶ名である。その底流には、実名敬避あるいは実名忌避の慣習の存在が認められる。この呼び名は、実に種類が多く、女子は日常もっぱらこれをもって呼ばれ、あるいは語られた。多くの女性の実名が記録に現れないのは、呼び名で用をなすのがふつうだったことと、実名を話題にするチャンスがよほど特殊なことだったことを物語っていると考えられる。

字[2]——中国風

「字」は、あざ名という。元来、古代中国で、男子二十にして加冠元服《かかんげんぷく》すれば、あざ名がつく。父の前に子は字を正式に名乗り、君の前に臣は正式に名乗った。また女子は嫁入り先が決まって、簪《かんざし》をさすようになれば、正式に名がつくという（『礼記《らいき》』曲礼上）。それがあざ名である。だからわが国の名乗り（実名）に当たるものなのである。このあざ名は他人がその本人を尊敬して呼ぶ場合に用いる習慣になっていたものである。

日本では、古代には次郎、三郎というような「呼び名」を字（あざ名）と称した。ところが、わが国では中国の風に習って、呼び名と名乗りのほかに、わざわざ中国風の字をつける習慣が起こった。令制下の大学の学生《がくしょう》には字を命じることがあった。一箇の文字を特に選び、その字の上に姓の一字を冠したというものが多い。

徳川幕府の時代には儒学が大いに勢力を誇示したので学芸、文事に従事する者は、名のほかに字および「号」を用いた。例えば新井白石《はくせき》は、呼び名は勘解由《かげゆ》、名乗りは君美《きんみ》、字は在中であった。頼山陽《らいさんよう》は、呼び名は久太郎、名乗りは襄《のぼる》、字は子成であった。柏木如亭《じょてい》（一七六三―一八一九）は、初め名は謙《けん》、字は益夫《えきふ》、通称は門作《もんさく》。後に名を昶《ちょう》、字を永日《えいじつ》と改めた。号は初め舒亭としたが、後に如亭と変え、これが通用した。他に黙斎・痩竹・晩晴堂・一杖閑客などとも号した。また画人の池大雅《いけのたいが》は、呼び名は秋平、名乗りは無名《ありな》、字は貸成であった。因みに「無名」を〈ありな〉（有名の意）と訓むのを反訓《はんくん》という。

「乱」字を〈おさむ〉と訓むのも同類である。梁川星巌《やながわせいがん》（一七八九―一八五八）の妻の稲津けい（一八〇四―七九）は、幼名を「きみ」といい、紅蘭と号し、字を道華と称した。

この字②の特徴は、必ずこれを音読みすることである。これはもともと中国のまねであり、漢学趣味でつけた、いわば中国式の名乗りなのであるから、音読みするのは当然のことである。

さらに、実名とも字とも異なる名は、次に示すような多彩なものがある。名をめぐる日本文化の複雑さを垣間見る上での手がかりとして、少しばかり紹介する。

唐名

「唐名《からな》」また「反名《かえしな》」と呼ばれる名は、おそらく遣唐使が中国に往来した際、日本側で命名した名前が鄙俗《ひぞく》だ（カッコウが悪い）というように考え、その名の漢字の音に近いものなどで、これに代えて漢風の名前を気取ったのが起こりであろう。その唐名には、本来の名の半分を写したものがあり、また全体を〈なんとなく〉写したものもある。半分だけ写したというものは「匡房」の訓は〈まさふさ〉であるので「満昌」の二字で〈まさ〉の二音を写し、「明衡」の〈あきひら〉を「安蘭」の二字で〈あら〉の二音を写したというのがそれである。全部を写すというのは、「（大伴）旅人《たびと》」を「淡等」、「（三善）清行《きよゆき》」を「居逸」とし、「（紀）長谷雄《はせお》」を「発昭」、「（島田）忠臣《ただおみ》」を

「(田）達音」としたような例がそれである。翻訳風の二字に記す行き方は、すでに推古天皇の時代に高向黒麻呂《たかむこのくろまろ》の名を中国風に玄理《くろまろ》と書いた例があり、平安時代には先の例のように書くことが学者たちの間での流行だったのであろう。ただ、「吉備真備《きびのまきび》」の名を「真備」とするのは、唐名を意識したものかどうか即断できない。本居宣長も、判断に迷っているようである。

吉備の大臣の名は、真吉備にて、然しるしたる書共もあるを、続紀などに、真備とあるは、もろこしの国にて、吉ノ字をはぶきて書キ給ひしを、帰り参り給ひて後も、なほそのままに物には書キ給へりしなるべし、それもわたくしにはあるべからず、あだし国人にあひ給はむ時などのために、おほやけにも申シてなるべし、すべてもろこしに渡り、あるは韓国の客《マラウド》にあふ時など、名を、もじをかへなどもして、からめきてかきたりし例、おほく有しなり、　（『玉勝間』六の巻）

政事要略に、貞観格を出していはく、右太政官去る天平神護二年九月十五日の格を検するに偁《イワ》く、大納言正三位吉備の朝臣真吉備宣奉勅者と見え、一代要記などにも、真吉備とあり、ちかきころ此の大臣の、母君を葬り給へる墓誌を掘りいでたるには、真備とあり、真備とあるをも、よむには、まきびとよむべきなり、

（『玉勝間』八の巻）

諡（諡号）

諡は追号ともいい、崩御《ほうぎょ》ないし薨去《こうきょ》した後に贈る尊号である。「諡」は、〈おくりな〉と訓む。「諡」には国風と漢風の二種がある。天皇の崩御後に遺贈されるのが大多数の例といってよい。人臣の諡の例は、中世までは生前太政大臣だったものに限られていて、古来数人に過ぎない。藤原不比等《ふひと》が右大臣、藤原師賢《もろかた》が権大納言で諡を賜ったのは特例に属する。また、剃髪《ていはつ》し出家した者は諡のないのが通例である。

女性での古い例としては、桓武天皇が延暦八年（七八九）十二月、生母の皇太夫人高野新笠《にいがさ》を皇太后に列し、天高知日之子姫尊《あめのたかしらすひのこひめのみこと》を贈られたことが挙げられる。近い例では、英照皇太后、昭憲皇太后というのが、諡号《しごう》と言える。大正天皇の皇后節子《さだこ》は、二十六年間も皇太后の地位にあったが、貞明皇后と追尊された。

徳川幕府の時代に至って、尾張、水戸両藩などは私的に諡の制度を設け、儒者にも門人子弟にあたる者が勝手に諡を贈った者がいた。

院号・法名・戒名

およそ天皇が隠退の後の御所を後院という。それで、天皇に諡を奉らない世となっては、平生の御所の呼び名をそのまま使って「―院」と称するようになったのであるが、後には前皇后にも院号を奉ることが行われることがあった。これを「女院《にょういん》」と称する。

おそらく人臣の院号は、藤原兼家《かねいえ》を法興院関白《ほこのいんかんぱく》と称したことに起こるのであろう。法興院は彼が建立《こんりゅう》した寺の名前である。

将軍は亡くなった後に「院号」というものを得るけれども、これは朝廷から賜ったものであるから、以前の諡に似ている。足利家の源尊氏が没し、「等持院殿」と呼ばれて以来、足利将軍家では、院号を用いる慣例が生じた。また、尊氏室の赤橋氏登子《なりこ》が薨ずると、彼女は「登真院定海大禅定尼」の戒名で呼ばれたが、もともと彼女は落飾し、「登真院定海」の法名を帯びていたのである。この院の用い方は諡でも諡に準じるものでもないと見てよかろう。

そもそも院とは「辺りに囲いをめぐらした場所」という意味であって、役所とか僧侶のいる場所をいう名である。後世になっては、この名をほとんど諡と見なして、普通の人であっても死後必ず院号を付けるとか、生前剃髪して某院と称するものも見られるようになった。

法名とは、出家して仏門に入った比丘《びく》、比丘尼《びくに》、優婆塞《うばそく》、優婆夷《うばい》の名である。

僧となる時は必ず姓氏を捨て従前の名を改めて二字を用いて音読をする。中国人のやり方に倣ったものである。奈良時代以後の僧侶の名はこれで一貫している。いま、「正倉院文書」として収められている「僧交名」（『大日本古文書』第二十五巻所収）より「長」のつく名を少し抜き出して示すと、次のような字の組合せでつけられている。

長憐　長懐　長律　長瑜　長枢　長提　長帆　長遂　長祥　長施　長洪　長叡　長哲
長吉　長闡　長旻　長奘　脩長　貴長　応長　寛長　金長　玄長　喜長　順長　会長
泰長　法長　延長　妙長　勝長　尊長　信長　年長　寿長　孝長　浩長　鳳長　厳長
弘長　宣長　礼長　慈長　琳長　照長　光長

女性の場合、「妙」のつく名が圧倒的に多い。そのほか、

慈　貞　智　恵　秀　浄　善　聖　薫

などの字が用いられることが多い。しかし、男女の法名に截然たる区別はなかったので、鎌倉時代中期ごろから上層階級の間に、法名の下に「尼」をつける風が起こり、次第に普及した。この尼は「あま」の意味ではなく、比丘尼（［梵語］bhikṣuṇī）の語尾の ni の音訳であるという。阿仏尼《あぶつに》、蓮月尼《れんげつに》（俗名は大田垣誠《おおたがきのぶ》、一七九一―一八七五）は有名である。蓮月尼とは、「法名を蓮月と称する比丘尼」の義である。

平安時代の末期や鎌倉時代には、在地の尼を、家名や住んでいる所の名に因んで、「―

禅尼《ぜんに》」と呼ぶ風があった。池禅尼《いけのぜんに》や松下禅尼の名はよく知られている。『吾妻鏡《あずまかがみ》』の嘉《か》禎《てい》三年（一二三七）六月一日条に、

矢部禅尼〈法名禅阿〉和泉国吉井郷ノ御下文《くだしぶみ》ヲ賜ル者、前遠江守盛連譲附セシムルニ依リテ也。彼《か》ノ御下文、五郎時頼、三浦ノ矢部ノ別庄ニ持向《てえり》ハルト云々。

と見えるとおり、この「禅尼」は第三者が呼ぶ名であって、本人はれっきとした法名を帯びていたのである。

また、鎌倉時代の初めには、重源《ちょうげん》（一一二一―一二〇六）によって阿弥陀号《あみだごう》、略して阿《あ》号《ごう》が用いられ始めた。『貞丈雑記《ていじょうざつき》』（巻の二）に、

剃髪したる人の何阿弥と名をつく事『黒谷上人伝』《『山城名勝志』に引く》に云う、「大仏の上人俊乗坊《重源上人なり。頼朝時代なり。》一の意楽《いらく》をおこし、自ら阿弥陀仏とぞ号せられける。これ我朝のあみだ仏名のはじめなり」《意楽とは、古代の詞にわれぼめをする事を意楽というなり。われとわが身をほめてたのしむ事なり。同朋などの名、又出家の何も何阿というは、「何阿みだ仏」を略して「何阿弥」といい、又何阿弥を略して「何阿」とばかりもいうなり。本は「なにあみだぶつ」なり》。

とある。したがって、前記の「禅阿」は禅阿弥陀仏の略である。この法名には、男女の区

別は存しなかった。たとえば「得阿弥陀仏」は女性の法名である（俗名は源中子）。

名前は自称するものと、他人が名づけて呼ぶものと、境界がはっきりしないものとがある。物心ついて後、本人が生きている時には、不本意な命名だったら抗議なり改名なりができるが、死後につけられた名は、本人が関与する余地はあまりない。生前の希望が入れられる場合もあれば、無視される場合もある。それが、戒名だったり、院号だったりするのである。自称の戒名は珍しいが、例が皆無というわけでもない。小説家山田風太郎の戒名（風々院風々風々居士）や、詩人竹中郁《いく》の次兄石阪孝二郎（兵庫県の郷土史家、一九九二年没）のは、自己の意志でつけられたものと聞く。

足立巻一著『評伝竹中郁　その青春と詩の出発』に、石阪のエピソードを記している。

その孝二郎が遺言を託した。

「おれもこんなあばら屋で死ぬのだから、何々院などという院号はごめんだ。おれは四沢亭粉白孝堂とつけたんだが、四沢は永沢四丁目で生まれ、そしてそこで死ぬからだ。粉白は家業がデンプン屋で白い粉だ。それに本名からコウジロと読める。孝堂は子供のころ、習字を習いにいったら先生が下さった名前だ。恩師に報いるよいチャンスだ」

そうして孝二郎は、暑さのきびしい日、風呂のわくのを待っていて椅子にもたれたまま安楽死をとげた。通夜の席で竹中はさっそく菩提寺の住職にかけあったが、宗則にも反するし、朗誦にも不適だとなかなか応じない。それをねばって竹中は押し切った。この話もわたしは竹中から直接聞いた。ふたりは声をあげて笑った。よほどおもしろかったのか、わたしもその珍妙な戒名を一度で憶えてしまった。そののち石阪家をたずねると、その戒名がりっぱな位牌に金文字で彫ってあった。

ここでいう戒名は、仏教で死者に授ける法号のことである。ただし、無戒の宗である真宗では、戒名の文字を用いず、法名と呼んでいる。

雅号・源氏名・芸妓名・接客名・芸名

雅号《がごう》は学者、文人、画家、工芸家、書家、歌人などが本名のほかにつける名で、主として作品の発表に際して用いられる。江戸時代の例では、画家であり歌人でもあった玉瀾《ぎょくらん》（池大雅の妻。本名は、祇園の町《まち》）、歌人の高畠《たかばたけ》式部（本名は、石井とみ）などが挙げられる。江戸時代には、女性の文人、画家、書家などは、接尾語として「女《じょ》」をつけて雅号とする風習があった。井上通女《つうじょ》（文学者。本名は井上振《ふり》、後に玉《たま》）や荒木田麗女（文学者。本名は荒木田隆《りゅう》、後にれい）などがその例である。これは、女性の俳号にも見られるところである。

中世以後、宮廷の女官には、いわゆる源氏名《げんじな》を賜わる習慣ができた。『源氏物語』五十四帖の名にちなんで、早蕨《さわらび》の典侍とか、榊の命婦《みようぶ》などという類である。その風は江戸幕府にも伝わって、大奥の上臈《じようろう》女中たちはみな源氏名を持っていた。『古事類苑』(姓名部十)所引『将軍徳川家礼典』附録三に(元文二年四月十六日条)、

豊岡　八嶋　浦尾　藤野　岩野　春野　深野　梅園　瀬川　滝津　平尾　冨尾　幾田　野遊

という女性名が見えている。これは実名ではなく大奥での記号といってよい。

源氏名は、はじめは文字通り『源氏物語』の巻の名によったのであるが、後には上にあげた老女の名のように、そのほかの雅名も利用された。

一方、遊女の存在は奈良時代の文献に見え、昭和三十二年(一九五七)まで続いた。それだけ歴史が長いので、遊女名には時代による変遷もあり、多種多様である。その遊女名が、江戸時代には、「源氏名」と呼ばれることが多かった。それが今の「水商売」の世界での接客名で、源氏名と呼ばれているものと通底するのであろう。

苗字に相当するものを持たないことが一つの特色であろうか。概して芸妓名はさっぱりした名(照葉、君龍、豆菊)や男性風の名(勝太郎、清次、百太郎など)がめだっていたが、

明治の中頃からは「―子」という名も増加しつつあった。

接客名は芸能ではなく、男女の客にサービスする種々さまざまな職種にある人の呼び名のことである。苗字や本名を表に出すものはまれであって、

めぐみ　蘭　マキ　ヒロミ　亜矢　ヒロシ　ユージ

のように、単名であるのが常である。ホスト、ホステスなどには、

ジョージ　ケント　リリー　リサ

のように、洋風の名を称するものも見られる。

芸名は、芸能のあらゆる分野で活躍する人々のその方面のために用意された名である。範囲は、華道、茶道、音楽、舞踊はもとより、新劇、歌劇、映画、歌謡、手品、漫才など、多種多様である。芸名は、その上に苗字（またはこれに準ずるもの）、流名、屋号その他を冠する点で接客名と異なっている。

草笛光子　松旭斎天勝　清元甲斐太夫　引田天功

戦後は、外国人相手の芸能活動も活発になり、片仮名の洋風の芸名を用いるのが流行となり、今もその雰囲気は維持されている。

フランキー堺　ペギー葉山　ブラザー・トム

多名の時代から単名の時代へ

日本人の名を歴史的に見ると煩わしいまでの複雑さがあると感じられる。それは、日本文化の永い伝統、複雑な様相の反映である、とひとまずは言えよう。

他国の歴史や文化的伝統を十分に知らない場合、こちら側の気づいた項目一つ一つがすぐさま「特色」のように感じられてしまう。しかし他国側のありようについて知識の総量が増えていけば、こちら側の今まで特色と考えてきたものが特色とは呼べないありふれた傾向の一つに格下げされるということが多くなる。したがって、ここでは「他文化のもとで見られる名前についての詳細を知らない状況下では」という但し書きを附したものとして理解してもらいたいのである。

これまで述べてきたように、昔は一人で、幼名・呼び名・名乗り・字というように何種類かの名前をもつことがあったが、今日では名前は一つということになっている。そして戸籍に記載してある名前が、正式の名前である。正式の名前のほかに別の名前をあたかも正式の名の如く使うことは、法律的にも禁じられている。

明治五年（一八七二）五月七日太政官第一四九号布告——「従来通称名乗両様相用《あいもちい》来《きたり》候輩自今一名タルベキ事」——がそのもとになっている。社会生活上、ひとりが二つ以上の名前を持っているということは、混乱を招く虞《おそれ》があるからというのである。

高島俊男著『漢字語源の筋ちがい　お言葉ですが…⑦』に、西郷隆盛も弟の従道《つぐみち》も、明治になってからまちがいで名がかわったと、こんなエピソードを紹介している。西郷隆盛のほんとうの名は「隆永」であるが、通称の「吉之助」で通用していたから名はあまり知られなかった。明治になって国元で役場に名をとどける時に、当人は東京にいるので友人が代行したのだが、「たしか隆盛だった」と「隆盛」でとどけた。それでそのまま隆盛になってしまった、と。高島氏は「『タカナガ』を『タカモリ』とまちがえることはありそうにない。当人か親族かが『リュウエイ』と言ったことがあったのをうろおぼえにおぼえていて、『たしかリュウセイだった』と『隆盛』にしたのではなかろうか。」と、推測しているが、〈たかなが〉を〈たかもり〉に誤るのは困難だが、「リュウエイ」を「リュウセイ」と誤認するのも、少し無理がある。おそらく、〈たかのり〉という名を「たかもり」という似通った発音によって誤ったものであろう。「永」という字は人の名として〈のり〉という訓《よ》みを持つのである。

弟の従道もほんとうの名は「隆道」であるが、こちらは自分で役場に赴いた。ただしいたって口の重い仁で役人に問われて「リユードー」と答えたにもかかわらず、「ジュードー」と聞き取られ「従道」と書き留められてしまった。鷹揚《おうよう》な人物のせいで、そのまま「従道」で通用させてしまった由。日本語の子音の発音では、ラ行とダ行・ザ行はたいへん紛らわしい。「埒《らち》」を「だち」、「団子」を「らんご」という発音で実現する地域もさして珍しくはないのである。だとすると、こちらは、名を音読みの形で唱えた例になるかと思う。明治の国語学の父上田万年《かずとし》もM. Uedaと自署していたから、実際にウエダマンネンと唱えたと見てよい。こうした例はかなりあったのではないかと考えられる。

戸籍上の名前が姓名判断の上から見てよくないからといって、別の名前を用いる人が今でもときどきあるが、紛らわしいことである。できればそうしたことはなるべく避けたほうがよい。それだけに、名づけに当たっては気の利いた、洒落た、センスのある、あるいは夢のある名前をと、大いなる意欲をもってつけようとするのであろう。それが、時代の嗜好《しこう》もあって、特に一億総芸能人化という風潮の中では、「一般人」の新生児の名前が従来の名づけとはかけ離れた、洋風で、芸名や接客名に見られたような名づけに近づいたのではないかと考えられる。

古代の名を覗く

庶民がどのような名づけをしたかを見るには、戸籍に見える名を手がかりにして考えるとよい。正倉院の史料中、大宝《たいほう》・養老《ようろう》の戸籍によりある程度七世紀のまとまった量の名を得ることができる。人名に採用される分野のことばはどういうもので、名前のためにどのような漢字を使用していたかを概観してみよう。もちろん、彼らの名は、幼名であり、かつ呼び名であり、実名でもあった。動植物をはじめ、物の名、イメージを指示することばなどさまざまなものがある。

○十二支の動物に因む名

根麻呂《ねまろ》　泥売《ねめ》　牛《うし》　宇志《うし》麻呂　汙志《うし》売　刀良《とら》　刀良売　宇《う》麻呂　汙《う》奈売　竜《たつ》　多都《たつ》麻呂　多津《たつ》売　身《み》　身麻呂　身売　弥《み》奈売　羊《ひつじ》　比津自《ひつじ》　羊売　比都自《ひつじ》売　佐留《さる》　申《さる》麻呂　佐留売　鳥《とり》　止利《とり》麻呂　鳥売　犬《いぬ》　伊奴《いぬ》　伊怒《いぬ》　犬麻呂　伊奴売　猪《い》　猪麻呂　猪売　猪名売

○鳥に因む名

阿止里《あとり》　加利《かり》　太加《たか》麻呂　知鳥《ちとり》売　速挔《はやぶさ》　真鳥《まとり》売　小鳥売　天鳥売　忍鳥《おしどり》

○獣に因む名

熊《くま》　荒久真《くま》　古万《こま》　駒《こま》売　古志加《こじか》　古猨《こざる》　堅牛　己止比《ことい》　韓犬《からいぬ》　伊留加《いるか》　久知良《くじら》

○魚に因む名

佐目《さめ》　佐波《さば》　志比《しび》　多比《たい》　阿波比《あわび》売　阿由《あゆ》売　古奈麻都《なまず》売　堅魚《かつお》売　真須《ます》　知怒《ちぬ》売　己《こ》

乃志呂《のしろ》売　宇奈伎《うなぎ》売

○虫に因む名

姉虫売　稲虫売　酒虫売　塩虫　玉虫売　広虫売　大虫　真虫《まむし》　若虫　虫奈売　虫麻呂　虫売小虫　小虫名売（蛇も「虫」の一類であるとするなら、田知比《たじひ》も）

○食生活に関わる植物名を負った名

稲麻呂　稲売　阿波《あわ》　粟《あわ》売　大根《おおね》売　宇利《うり》売　佐々伎《ささぎ》売　和良比《わらび》売

○食物に関わる名

飯《いい》売　加須《かす》売　粳《ぬか》麻呂　小糠《こぬか》

○草木の類の名

麻都《まつ》売　佐久良《さくら》　桜《さくら》売　梨《なし》麻呂　都貴《つき》麻呂　加志波《かしわ》売　加都良《かつら》売　真桑《くわ》　久波《くわ》売　椋《むく》売　牟久《むく》売　真木《まき》売　多知波奈《たちばな》売　ツ弥《つみ》売　田久《たく》麻呂　田祁《たけ》麻呂　竹《たけ》麻呂　佐々《ささ》売　加《か》良牟志《らむし》　都々自《つつじ》売

○武具・服飾・器物に関わる名

伊久沙《いくさ》　加田奈《かたな》売　多智《たち》麻呂　石弓《いしゆみ》　金弓《かなゆみ》　荒弓　弩弖《ぬて》　与呂比《よろい》　足桙《ほこ》　都流岐《つるぎ》　加止《かと》理《り》売　衣《きぬ》麻呂　伎怒《きぬ》売　多倍《たえ》売　阿由比《あゆい》　比礼《ひれ》売　波加麻《はかま》売　冠《かがふり》　弥乃《みの》麻呂　蘇弖《そで》売

弥祁志《みけし》売　多須岐《たすき》　加佐《かさ》売　小幡《はた》売　鏡《かがみ》売　多麻《たま》売　波利《はり》　墨《すみ》売　文手《ふみて》　波古《はこ》売　縄《なわ》売　小奈倍《なべ》売　乎祁《おけ》　都々弥《つづみ》　多々弥《たたみ》売　財《たから》売　金《くがね》　久加尼《くがね》　西尓《ぜに》　真縫　弓取　衣縫売　由弥提

○プラスイメージ

これは威力あるもの・生命力に満ちたもの・慕わしいもの・豊かさを感取できるもの・身近にあって親しまれているものを名としている。

阿手《あて》　阿夜《あや》売　宇礼志《うれし》　獲《え》売　久波志《くわし》売　豊売　比佐《ひさ》豆売　米豆良《めずら》売　咩豆《めず》売　与呂志《よろし》
妙《たえ》売　多祁留《たける》　麻佐利《まさり》

また、名を構成する接頭辞として、「豊―」「広―」「真―」、接尾辞として「―足」「―依」が用いられている。

○マイナスイメージ

名前（ことば）とは逆転したかたちでの事態の実現を希求しているように見える呪術的とも評価できそうな名前である。

阿久多《あくた》　余《あまり》　乱　支多奈《きたな》売　許其志《こごし》　色夫《しこ》　志許《しこ》豆売　志許甫智　逆　飢《うえ》　老《おゆ》麻呂　屎《くそ》
小屎《くそ》売　首古志《すこし》売　宿奈《すくな》売

○当時の儒学・仏教の浸透をうかがわせる名前

儒　博士　波加西　功得　功志　福善　无量寿《むりょうじゅ》　法縁　布施売　法師麻呂　寺売　阿弥多　観世　孔子

この類は、漢語の音読みの形がそのまま人名となり得たことを証しているものがある。実例は必ずしも多いとはいえないが、確実に存在したのである。

古代にもつけてはならないとされた名前があった。それは必ずしも遵守《じゅんしゅ》されたとはいえないかもしれないが、「国主」「国継」や仏菩薩・聖賢の名などを庶民の身で名乗ることが禁止されていたのである。『続日本紀《しょくにほんぎ》』神護景雲二年（七六八）五月三日条に、

> 勅すらく、国に入りては諱を問ふこと、先聞これ有り。況《いわ》んや今に従ふに於いてをや。何ぞ曾《かつ》て避くること無からん。頃《このごろ》諸司入奏の名籍を見るに、或いは国主・国継を以て名と為し、朝に向かひて名を奏す。寒心せざるべけんや。或いは真人・朝臣を取りて字を立て、氏を以て字と作《な》す。是れ姓を冒《おか》すに近し。復《ま》た仏・菩薩及び聖賢の号を用ゐる。聞見を経る毎に、懐《むね》に安からず。今より以後、宜しく更に然《しか》すること勿《なか》るべし。昔、里を勝母《しょうぼ》と名づけて曾子入らず。其れ此《か》くの如き等の類は、先著有る者なり。亦た即ち改換《あらた》めて、務めて礼典に従へ。

と見えている。これほど具体的に指示を出しているのは、実際にこうした名づけがなされ、目に余るものがあったせいであろう。

さて、古代には漢字で名を書き表すにしても、同一人物に対して複数の表し方をすることが是認されていた。今のように人名の書き表し方について、唯一無二の表記という考え方をとるようになったのはいつからのことなのであろうか。この解答は、将来の解明に待たれるところである。今はその実態の一斑だけ示すにとどめる。

鴨《かもの》筆《ふみて》　鴨部筆　鴨公筆　加茂筆　賀茂筆　賀茂書手　鴨書手　賀茂文手　鴨布弥弖　賀茂布美弖

倭《やまとの》御勝《みかつ》　養徳御勝　三勝　養勝　養御勝

調《つきの》屎万呂《くそまろ》　調久蘇万呂　調少屎麻呂　小屎《おぐそ》　男屎《おぐそ》　乎久蘇《おぐそ》　乎具蘇《おぐそ》　雄蘇《おそ》　袁蘇《おそ》　調君雄蘇

古頼小僧　古来小僧

加良佐土万呂　辛佐土麿・辛佐度万呂・辛佐登万呂

達沙牛甘　達者牛甘・達沙牛養

辛国《からくにの》人成《ひとなり》　韓国人成

漢人浄万呂《あやひとのきよまろ》　漢浄麿・漢清麻呂
丸部石敷《わにべのいわしき》　和邇部石敷
海部世宇《あまべのせう》　海部施宇・海世于
吉母建万呂《きものたけまろ》　既母武麿
山部花万呂《やまべのはなまろ》　山部花
山部吾方　山部吾方満・山部吾方麻呂

中には、略称のように、「養勝」とか「山部花」のように記す例もあれば、「調屎万呂」を「小屎」「男屎」「乎久蘇」「乎具蘇」から、後、「雄蘇」「袁蘇」の表記を採用するようになる。おそらく、「屎」の字面・語形を避けて、それでいて原形からあまり離れすぎない程度の名を維持しようとしたものと思われる。ここに至ると、「屎」が人名としてもはや歓迎されないものと考えざるを得ない。負のイメージをもつ名をあえてつけることによって、正に転換できると考えていた時代の思考が否定され、負が負として、明確に憚られるようになってきたことをこの表記の動きが物語っていると言えよう。

「小屎」の例はさて措き、読み方や意味が同一であれば、その書き表し方には原則的にはこだわらなかったと思われる。これは地名も同様で、たとえば、近江の郡名を『続日本紀』では志賀（志我）・坂田・野洲と記しているのを、「正倉院文書」ではそれぞれ志何・積田・夜珠と書いている。固有名に対する今昔の意識差とでも言うべきか。

人名表記に用いられた漢字の傾向をまとめると、「古」「比」「志」「利」のような音仮名、「根」「身」「目」「津」などといった訓仮名、「牛」「猪」「羊」「稲」「塩」「荒」のような訓漢字が用いられているが、それらは、現代のわれわれにとってもさほど難しさを感じない「常用平易な」文字に集中している。それは、文字面を優先するのではなく、名を唱えるという音声言語に再現しやすいものを優先させた当然の帰結であったと見られる。

資料を変えて、例えば『日本書紀』や『続日本紀』あたりの人名表記に目を向けると、結果はどうなるであろうか。今、『日本書紀』の巻三十（持統天皇）中に見える日本人の人名を抜き出すと次のようになる。皇族の名が特殊であるだけで、大筋では戸籍に見た庶民の名と大差はないものと言えよう。

高天原広野姫天皇（鸕野讃良皇女）　天命開別天皇　遠智娘　天豊財重日足姫天皇　天渟中原瀛真人天皇　草壁皇子尊　大友皇子　皇子大津　八口朝臣音橿　壱伎連博徳　中臣朝臣臣麻呂　巨勢朝臣多益須　砺杵道作　皇女山辺　皇女大来　布勢朝臣御主人　紀朝臣真人　田中朝臣法麻呂　守君苅田　丹比真人麻呂　藤原朝臣大嶋　黄書連大伴　路真

人迹見　大伴宿禰安麻呂　伊勢王　大伴宿禰御行　当麻真人智徳　脂利古　麻呂　鉄折
〔蝦夷沙門〕道信　粟田真人朝臣　竹田王　土師宿禰根麿　大宅朝臣麿　藤原朝臣史
当麻真人桜井　穂積朝臣山守　大三輪朝臣安麿　巨勢稲持　皇子施基　佐味朝臣宿那麿
羽田朝臣斉　伊余部連馬飼　調忌寸老人　大伴宿禰手拍　〔陸奥沙門〕自得　柏原広山
生部連虎　八釣魚　河内王　丹比真人嶋　石上朝臣麿　石川朝臣虫名　下毛野朝臣子麿
高田首石成　物部麿朝臣　中臣大嶋朝臣　忌部宿禰色夫知　皇子高市　大伴部博麻　土
師宿禰甥　土師連富杼　氷連老　筑紫君薩夜麻　弓削連元宝　皇子穂積　皇子川嶋　筑
紫史益　上村主百済佐伯宿禰大目　三輪朝臣高市麿　広瀬王　紀朝臣弓張　大伴宿禰友
国　阿古志海部河瀬麿　文忌寸智徳　難波王　〔沙門〕観成　布勢朝臣色布智　鹿嶋臣
櫲樟　飛鳥皇女　山田史御形　息長真人老　大伴宿禰子君　弁通　神叡　川内忌寸連
皇子長　皇子弓削　〔沙門〕法鏡　衣縫王　葛原朝臣大嶋　大伴男人　菟野大伴　巨勢
邑治　引田朝臣広目　巨勢朝臣麿　葛原朝臣臣麿（＝中臣朝臣臣麻呂）　丹比真人池守
紀朝臣麿　蚊屋忌寸木間　〔沙門〕法員　善往　真義　引田朝臣少麿　台忌寸八嶋　黄
書連本実　葛野羽衝　百済土羅々女　〔律師〕道光　刑部造韓国　弟国部弟日　皇子舎
人　文忌寸博勢　下訳語諸田　賀茂朝臣蝦夷　文忌寸赤麿　小野朝臣毛野　伊吉連博徳

泊瀬王〔越度嶋蝦夷〕伊奈理武志〔粛慎〕志良守叡草　物部薬　壬生諸石　秦造綱手
尾張宿禰大隅　大狛連百枝　多臣品治　若桜部朝臣五百瀬　藤原朝臣不比等（＝藤原朝
臣史）当麻真人国見　路真人跡見（＝路真人迹見）巨勢朝臣粟持

この傾向は、平安時代にもある程度認められる。特に、『平安遺文』所収の戸籍に見られる人名では顕著である。今、延《えん》喜《ぎ》二年（九〇二）阿波国板野郡田上郷の戸籍を例示する。

男性名では、

介佐麿　少麿　広人　千成　浄成　浄道　憑麿　安直　家特　真常　春男　広本　成益
広継　安相　真冨　閉麿　法師麿　広岑　良直　吉安　秋宗　有行　美直　秋庭　広成
蘇麿　広吉　広麿　広継　子益　田吉　歳男　益継　魚丸　吉男　得吉　安宗　甲宗
勝丸　成宗　貞安　浄安　黒宗　恒山　並丸　乙丸　石男　忠安　恒海　乙麿　稲継
浄丸　秀男

といった名が認められる。接尾辞として「—まろ」と「—まる」の二形が対立しているが、寛弘元年（一〇〇四）讃岐国大内郡入野郷の戸籍になると、「—まろ」が消えて、もっぱら「—まる」の名の型になるようである。

女性名では、

今安売　貞売　吉友売　吉主売　継刀自売　縄売　継福売　玉売　広刀自売　国安売　国守売　特安売　特売　特益売　仁子売　美安売　秋虫売　得虫売　得継売　得安売　広川売　得売　糸売　川刀自売　益刀自売　綿虫売　春売　乙売　広売　今売　宅成売　余売　吉売　浄継売　浄売　宗本売　正月売　継売　秋継売　成売　夜須良売　刀自売　米売　豊売　冨主売　古刀自売　継吉売　乙刀自売　今吉売　男万売　飯主売　宮成売　成刀自売　田売　広継売　広吉売　真成売　吉成売　夏売　時売　夜須売　内子売　花売　介佐売　帯売　直吉売　在売　福吉売　福並売　乙継売　宮子売　宮刀自売　吉刀自売　吉成売　吉継売　福安売　福売　今成売　殿門売　得吉売　万吉売　安世売　豊継売　嫡子売　嫡売　真世売　智刀自売　成継売　小刀自売　乙吉売　真売　分刀自売　安須良売　次刀自売　酒成売　安良売　夏成売　広成売　粟売　四月売　乙五月売　鯛成売　鯛売　平売　御黒売　願子売　秋子売　秋成売　黒子売　逆売　秋永売　秋刀自売　秋吉売　魚売　秋野売　衣刀自売　冬売　玉門売　玉刀自売　冬吉売　春野売　稲薗売　乙古売　雄屎売　全屎売　玉依売　吉刀自女　貞福女　貞福女　乙女　内子女　貞主女　貞永女　粟子女　成女　子女　魚女　憑女　童子女　乙継女　蓑女　美良女　田作女　六月売　全子売　全成売　美田売　咋女　乙主女　後子女　尚子女　呰女　米

刀自女　福刀自女　今女　当吉女　今刀自女　今屎女　買女　後屎女　貞女　吉友女
継刀自女　継福女　広刀自女　国守女　特女　仁子女　三安女　得虫女　得女　川刀自
女　今安女　綿虫女　川守女　益刀自女　黒名女　男成女　福成女　真冬女　浄主女
蓑成女

といったもので、奈良時代の戸籍人名と格別性格を異にするようには見えない。

鎌倉時代の男性名を、『吾妻鏡』巻第五（文治元年〈一一八五〉九月――十二月）によって示すと以下のようになる。

公朝　邦通　景季　義経　行家　時忠　義信　頼隆　惟義　義隆　有高　孝尚　以広
（これひろ）　広元　行政　秋家　遠元　俊長　光家　定綱　経房　範頼　俊兼　景時
家季　盛綱　頼朝　義定　維隆（これたか）　維栄（これよし）　忠信　経宗　光雅　清
経　頼兼　久実　久長　光範　定長　能保（よしやす）　経俊　重房　重頼　重忠　胤
正　義澄　清重　朝重　重朝　景廉　盛長　実春　重国　信光　義時　朝政　宗政　高
綱　季隆　義資　義兼　親光　範信　仲頼　重弘　経業（つねなり）　繁政　高重　基
繁　常胤　胤頼　朝綱　知家　朝景　宗親　基清　遠元　行平　重成　朝光　義連　義
景　遠景　重国　有季　実高　常秀　長清　時家　公佐　家景

など、さして読みにくいといった名は見られない。女性名については、資料の性格にもよると思われるが、あまりはかばかしい成果を得られないのが実情である。

女子の名に「子」がつくのは、平安時代の皇族の名でひろがりをもつようになり、高い身分の人々が用いるという意識は明治期あたりまで続いた。これは男子の「―仁」にも似た事情を読み取ることができる。庶民が遠慮することなく名前に用いることができたのは、一般的な名詞（形容詞の語幹などをも含む）で、語彙的に「なんでもあり」だった。ただし、貶《おとし》める意図で最初から命名されるということはまず存在しないとだけは言ってよい。

「名乗り字」「名乗り訓」とそれからの逸脱

「名乗り字」と「名乗り訓」とは

問題の所在

国際化を謳《うた》う今の時代にあっては、漢字漢文の力があるということは、さして重要な評価を受ける素養とは考えられてはいないようである。一方で、明治期の教養人の学力の根底に相当の漢字漢文の基礎があったことと対比して、われわれ現代日本人の漢字力の乏しさを嘆く声も聞かれる。漢字という存在が、日本語を書記する営みの中で占める位置の大きさでは、依然無視することができないものであることは言うまでもない。ただ、使用字母数、音訓といった面で過去の文字資料と比べると、いわゆる漢字制限を主とする言語政策との関連で、だいぶ狭くなっている。文字を効率的に運用することを実現させる上から言えば、漢字の字数や用い方に制限を設け、枠をはめることも必要なことだったと認められる。また、漢字の字種や字形の制限、あるいは制約が、文字の電子情報化の流れの中で、諸種の論議を生んでいることはよく知られている。

さて、この制限・制約によって、音訓は確かに数の上では減ったということが、一般の名詞や動詞については認められるのであるが、これらとは異なる領域、すなわち固有名詞の表記の世界では、一般の漢字制限が産み出した状況と全く異なる様相を呈している面がある。つまり、固有名の表記の漢字の字種は確かに使用できる数に限りがあり、そこに不便をかこつ声もあるのであるが、逆に音訓の面では何のシバリもない、どう読もうと、読ませようと、命名者の側の勝手が許されているのである。

かつて「名乗り字」というものがあった。それは、普通名詞がいわゆる定訓に縛られていたのに対し、字訓を拡張して固有名の訓《よ》みに用いるという独自の領域を有していた。今日、常用漢字表・人名用漢字別表のもとで、字種には制限が設けられているが、固有名のみは音訓の制約を受けていない。今日の漢字の用法のひずみは、この固有名の音訓に端的に現れているのではないかと私は感じている。そこで、過去の「名乗り字」のサンプルと最近の固有名の表記のサンプルとを一瞥し、漢字の音訓が、固有名の領域において伝統的なものから著しく逸脱する傾向にあることを確認してみたい。

「名乗り字」とは

漢字の訓の中には、人名に用いる際に、どうしてそのようによむのか明確でないものが用いられることがある。勿論、当初は然るべき理由があって当てられたはずであるが、長い時間の経過とともに、普通の語の表記の領域からは姿を消し、人名にだけ痕跡をとどめている。この人名に用いる漢字を「名乗り字」と呼んでいる。もう少し正確を期して解説するならば以下のようになるのではなかろうか。

名乗り字とは、公家や武家が元服する際に、幼名や通称のほかに実名がつけられるが、それに用いられた漢字のことである。『漢字百科大事典』（明治書院）によれば、源九郎義経であれば、幼名が牛若丸、通称が九郎、実名が義経となるというのを例として挙げている。要するに実名に用いられる漢字のことである。これを古くは、単に「名乗り」とも「名字」とも言った。名乗りの漢字の訓には、「種」を「たね」、「君」を「きみ」と読むような、いわゆる、一般的な定訓というべきものが含まれるのは当然であるが、一方、「光」を「あり」、「言」を「とき」と読むような、名乗り字特有の訓も沢山含まれていることが、著しい特徴であると言える。

名乗り字を具体的にまとまった形で収載したものとしては、院政時代のイロハ引きの辞書である『色葉字類抄《いろはじるいしょう》』が挙げられる。それに「名字」として、「伊」部末に「家イエ

宅同　彌イヤ　最同　今イマ　末同」とあるのを始めとして、各部末に記されている。ときに「呂」部のように名字の項目だけあって具体的な文字が示されていないものもあるが、やまと言葉では、ラ行音で始まることばをほとんどもたないことから当然のことと考えられる。さらに、鎌倉中期の成立と考えられている有職書『拾芥抄《しゅうがいしょう》』にも、「人名録」の名で項目化され、また、鎌倉末期成立の有職故実の類聚辞典である『二中歴《にちゅうれき》』にも、「名字歴」「掌中所載」として集められている(『二中歴』は平安時代に作られた「掌中歴」「懐中歴」の二書をもととしたのでこの名がある。名前特有の字に対する関心が古くからあったことがこれによって知られる)。さらには、室町時代の通俗辞書(イロハ引きの字引)である『節用《せつよう》集《しゅう》』でも、引き続き附録のような部分に収録されてきた。江戸時代に入ると、名乗り字それ自体で一書を編むことが行われるようにもなり、『名乗字訓』(伊勢貞丈)、『名乗字彙』(本荘博正)、『名乗字摺合』(石井忠虎)、『名乗字引』(高井蘭山)のような『名乗字━』『名乗━』という書名をもつものや、『名字━』の形式の名をもつ著作物も多くつくられた。その中には、名乗り字の反切によって吉凶を占ったり、五行説によって、名乗り字同士の相性をはかったり、どのような職業にはどのような名前がよいかをみる、などということを説くのも現れた。一種の占術化が進行したのである。また、荻生《おぎゅう》徂徠《そらい》の『南留別志《なるべし》』

拾遺に、「朝」を「とも」と読むのは、朝廷も公も同意であることと見て、公の字の訓（公は、公共の意―これを徂徠は「とも」という日本語に置き換えた）を朝の訓に拡張したのであろうと説明を試みている。明治期に入っても、江戸期の名乗り字書が再版されたり増補され続け、ついに、現代における夥しいまでの名前の付け方読本に至っている。

なお、現代では、人名に用いる漢字には制限が加えられているが、その訓みについての制限はない。『漢字百科大事典』の解説（小野正弘執筆）を専門外の読者向けに書きかえてみると以上のようになる。なお、この事典には参考文献として次のものが挙げられている。

○池上禎造「名乗字」（『漢語研究の構想』昭和五十九年　岩波書店）

○新野直哉「名乗り字一覧」（『漢字講座』6　昭和六十三年　明治書院）

○『古事類苑』姓名部八、名上（大正二年　神宮司庁）

この解説に屋上屋を架する必要はないであろうが、言語研究の専門家でなくとも、名乗り字についての知見はもっているに越したことはないと思う。実際に人に名前をつけるのには必ずしも「専門家」に依存しているわけではないからである。

参考文献に挙げられている池上禎造の「名乗字」は、『国語国文』（昭和二十七年十月号）に発表されて久しい時日を経ているが、当該論文に指摘された基本的な認識は今日においてもなお変更を要しない。氏は各種文献に登載された名乗り字の多くが「中古中世を通じいかに使われたかについては『古事類苑』などに引く記録等から推定するばかりである（史上の人物の字面はわかっても訓方がわからない）。元号や天子のおくりなについての用意に似たものが上流にはあったろう」と、その実際の明らかにし得ないことを指摘している。

この点はよく記憶に留めておく必要があるであろう。現在の名づけに用いる漢字のよみに「苦闘」している一因はすでにここにもあるからである。氏の論文では名乗り字を収載・集成した諸文献を対照し、誤りに基づく面のあることを照射することに力点が置かれていた。この点、教えられるところが多いものである。氏の驥尾《きび》に付して、名乗り字資料を渉猟し、内容を逐字的に検討し、文献的な性格のあとづけを明確にしてみたいという考えで一応は着手してみたのであるが、池上氏の業績を超えるような成果を得ることは期しがたいというのが、現在の率直な感想である。

名乗り字引というものがある程度以上に有意義な、あるいは便利なガイドとして、命長らえてきている現状は理由のないことではないのである。命名に当たって名乗り字の存在に依拠し利用する側の人間の言語行為の面を評価するには、名乗り字の形成、系譜、字訓としての妥当性等々、明らかにしなければならない難問が山積している。

「名乗り字」資料のサンプル

先に「音」「訓」といったが、実は「音」であるとか「訓」であるとかいっても、ある場合には誤った「音」（数が支配する言語使用の世界では「慣用音」とされることもある）、誤った「訓」も含まれる。池上氏は名乗り字の集成文献の中にそうしたもののあることを指摘したのであった。

誤用をも包含して、名乗り字というものがいったいどのような形で示されていたかを、サンプルとして具体的に示しておこうと思う。

まず、一般的な名乗り字集成のものとして、活字翻刻された『続群書類従』所収の『姓名録抄』から示すことにする。この文献が特別に他にぬきんでた特色・価値を有するためではなく、平均的なものとしてのサンプルとなるのではないかと考えるからである（カッコ内には校合した伝本〔ィとあるもの〕の情報をも示しているので、誤認・誤用の入り込んでいるさまも窺えるはずである）。

［ノリの名字］

則　義　儀　憲　範　教　章　孝　敬　乗　徳　法　矩　規　典　刑　慶　猷　度

経　紀　式　命　縄　斯　象　明　書　述　朝　藝　背　似　載　彝　軌　雅　仙

言伐永紀〔化イ〕政知至〔騎標馱賢刺馭納状悟識伯令
了卿師周尋位イ〕

〔ヨシの名字〕

吉良好義儀慶善能済懿令嘉栄理綏徴美愛佳
珍至資休若由徳頼〔承〕燕〔宣〕喜賢鞏穀命麗可時克
備敬〔幸〕〔快悦賀勝最富致叔督昌イ〕

〔タダの名字〕

忠直政公斉渡正挌理陟位董尹箴唯資身子但
只糺匡江睢兄啻忽賢弾弥産〔妙均矯達止任雅従
イ〕

〔マサの名字〕

正昌政理允方当雅匡順尹将斉縄箴幹緝賢蔚
睿元客〔真祇応督和暢党備済董周イ〕

〔ナガの名字〕

長永脩条度壽〔慶〕栄〔養弥孟充〕

（『続群書類従』第三十一輯下「雑部」所収より抜粋）

次に、『拾芥抄』中の「人名録」を紹介する。貝原好古《よしひさ》の『和爾雅《わじが》』（元禄七年〈一六九四〉刊）巻四所載の「諱字」にもそのまま引かれているものである（「諱字」に「ナノリジ」という読みを示した上で、「拾芥抄ニ出タリ」とある）。そこにはイロハ順に一八八種の訓が示されている。一字しかない項目七八を除外すると、一一〇項目で、ほぼ『姓名録抄』の項目数に近いと言ってよい。一項目の訓でもっと文字の数が多く示されているのは「ヨシ」「ノリ」の類である。

〈よし〉の訓をもつ字としては「吉」のほかに、以下の字が挙げられている。

良　善　義　好　愛　珍　嘉　淑　令　美　宴　賀　理　可　慶　能　栄　至　由
資　徳　穀　克　与　儀　懿　綏　徽　佳　休　熙　若　頼　承　燕　宜　喜　賢
命　麗　時　備　敬　典　悦　純

〈のり〉の訓は「則」字のほかに、

憲　範　規　乗　章　似　徳　法　猷　政　知　紀　典　象　孝　式　位　儀　経
義　教　刑　度　慶　令　縄　昇　期　明　書　述　朝　藝　彝　軌　稚　仙　考
言　代　記　永　化　至　以　肖　載

〈ただ〉の訓では、

忠　陟　正　理　斉　直　忽　只　賢　政　公　渡　済　格　位　匡　江　睢　禅
位　薫　産　尹　蔵　唯　資　身　子　但　糺　兄　帝　弾　孫

〈まさ〉の訓では、

正　雅　昌　綿　斎　公　匡　将　当　政　允　董　斉　理　絹　均　縃　蔵　縄
方　尹　鴨　賢　蔚　客

〈なが〉の訓では、

永　長　脩　度　修　栄　良

が挙げられている。例示に明らかなように、意味的にまったく重なり合わない、同音の名乗りをまとめている場合が目につくこと、ひとつの字が複数の名乗りを表すのに用いられていること、すなわち字訓が単一なものに絞りきれないものがあることを、こうしたサンプルから読み取ることが出来る。

近世の名乗り字引きの類で最も整備された形式を有しているのは、今までみた限りでは毛利貞斎《ていさい》の『韻鏡《いんきょう》袖中《しゅうちゅう》秘《ひ》伝抄《でんしょう》』（元禄八年〈一六九五〉）の九之巻「韻鏡名乗字大全」である。これは前半部分がイロハ順配列の訓で一覧できるものである。全部で百九十四項の訓、千四百十一字の名乗りの漢字が掲出されている。後半部分は『韻鏡』の各転に所属する名乗り字を掲げ、それに音・訓を付し、さらに篆書体《てんしょたい》をも示し、五行《ごぎょう》の性も添えてある。いわば、暦算家であった中根元珪《げんけい》の『異体字弁』（元禄五年〈一六九二〉序刊）が、基本の漢字の起筆のタイプ・画数によって異体字を求める「好異門」と異体字そのものを画数順に並べてそれが何の字の異体かを知るための「帰正門」を備えているのに比することができる。きわめて用意周到な編集がなされていると言える。

前半部から挙げると、

ナカ　チウ　一　　同　　カ　廿五　　シヤウ　卅一
四　仲（去）　中（平）　遐（平）　祥（平）
テル　セウ　廿五　　キ　十　　クワウ　卅二　　エイ　卅三
五　照（去）　煇（平）　光（平）　英（平）
セウ　廿五
昭（平）
ナガ　チヤウ　卅一　　ジユ　卅七　　シウ　同　　エイ　卅四
八　長（平）　壽（上）　脩（平）　永（平）

ト　十二　　　テウ　廿五　　シヨク　四二　　エイ　卅四
度（去）　　　条（平）　　殖（入）　　栄（平）

のような形式になっている。また、〈ヨシ〉に例を取ると、名乗り字は、

ヨシ
五十九

義　吉　善　快　悦　祥　福　勝　殊　珍　致　能　理　持　淑　懿　穀
類　徳　良　由　美　若　可　資　令　愛　宜　嘉　栄
喜　賢　敬　憙　至　督　賀　富　幸　慶　最　綏　住　好　宴　克　与　儀
佳　休　頼　承　燕　命　麗　時　備　典　省

とあり、五十九字の名乗り字を網羅している。当然のことながら、『姓名録抄』とは出入りが認められる。

後半部分は、『韻鏡』の第一転より第四十三転までの各転所属の名乗り字を掲出していて、楷書の見出し字のもとに訓が添えられ、別行に五行の性および篆書体が示されている。たとえば、第三十四転には、

榮　　　　ヨシ
土　四　　ナカ　　（篆書体省略）

のようにある。人名に好字を選択する傾向は古くからあったようであるが、前にも述べた

ように、中世末期・近世初期に至って、文字の選定に五行説が加わり、『韻鏡』が反切《はんせつ》に利用され、姓名判断（占術）的な利用が促されるようになった姿が、ここに認められるのである。

名乗り訓

このように名乗りのための漢字（名乗り字）というものが意識され、その漢字がもつ名乗り特有の訓を「名乗り訓」と呼ぶ。ここで考えなければならないのは、漢字の「訓」とはどういうものであるかということである。訓とはもともと漢字のもつ意味のことであった。現代のわれわれにとって、訓といえば、漢字に対応する日本語の読み（語形）を意味するので、その範囲は著しく狭められているが、本来は日本語で特定の形で読むことよりもより広い字義の捉え方が可能であったのである。

例えば、「一」という漢字について言えば、常用漢字表の「訓」では〈ひと・ひとつ〉であるのに対し、慶長版『倭玉篇《わごくへん》』に見えるものは〈カズ・ハジメ・カタクナシ・ヒトツ・ラ・モツハラ・ヲナジ・スケ・ヒトタビ・ヒトシク・ヒトツ・ヒトリ・キワマル・スクナシ・ヒトヱニ〉というかなりの数を擁しているものである（『拾芥抄』の「名乗」には〈クニ〉もある）。これらは、いろいろな文脈において顕現する意味を適切な日本語に翻訳して見せたものといってよい。

いま少し漢字「一」の字義を見ておこう。『老子』の「昔の一を得る者は、天一を得て以て清く、地一を得て以て寧《やす》し」（天が清く、地が安らかなのも、すべて徳という一事による）の注に、「一は数の始めにして物の極なり」とある。数は一から始まって、結局一に帰するという意を含意すると考えられ、これによって〈はじめ〉〈きわまる〉の字訓が導き出されることになる。また、『呂氏春秋《りょししゅんじゅう》』仲秋記に「日夜分かるれば則ち度量を一にして権衡を平にす」（仲秋には昼と夜とが同じ長さになるが、この時期に度量衡を均一にする）と見え、注に「一は同なり」とあるから、「一」には〈おなじ〉〈ひとしい〉の意があると認められる。さらに、『後漢書《ごかんじょ》』馮緄《ふうこん》伝に皇帝が緄《こん》に与えた詔《みことのり》の中の句に「進赴《しんふ》の宜しき、権時の策は、将軍之を一にせよ」とあるのは、適宜の時に進軍することや臨機応変の策を講じることは、将軍の独断専行に任せるという意味である。注にも「一は猶専らにするがごときなり」とあり、字義として〈もっぱら〉が得られる。その他の訓義についても清朝の阮元《げんげん》等の撰に成る『経籍籑詁《けいせきせんこ》』を参照するとだいたいは確かめることができる。

このように、もとは漢字漢文を読むという行為は、単純に限定的固定的な語形として読み下すということではなく、その文脈に最もふさわしい日本語で翻訳する行為であったから、多彩多様な訓の存在が許されていたのである。その幅広い訓のあり方が、名乗りの分野では「名乗り訓」として訓を発達させ、他の領域では漢文訓読形式の固定化とともにその訓の多様性が狭まるようになったのだと言えよう。であるから、名乗り訓の発達には、古来の字義が人名の分野に痕跡をとどめている面もあると見た方が適切であると思う。ここで言わんとしたことは、名乗り訓が、最初から特殊なものとして産み出されたというのではなく、多様な字義を日本語として読み分ける行為のなかから登場し定着したものであろうということである。

しかし、長い年月の間に、字義がよく理解できなくなる状況が蔓延した。名乗り訓の特殊性は、この「よく理解できない」というところにある。古人もはやくからこのことで訝《いぶか》しい思いをし苦しんでいたと言ってもよい。

本居宣長は「和」の名乗り訓に〈かず〉とあるのに不審を抱き、〈かつ〉から誤って出来た誤訓であることを推測した。

人の名に、和の字を、加受《カズ》とよむは誤也。これは加都《カツ》にて、都《ツ》は清音なり。此言はかて　かつ　かつると活用《ハタラキ》て、物を和合《アワス》こと也。万葉歌に醤《ヒシオ》酢《ス》に蒜都伎《ヒルツキ》合而《カテテ》とある、此合而なり。　（『玉勝間』十四の巻）

つまり、仮名遣いの上で「ず」と「づ」は異なる語を表すことを根拠として、濁音形〈かず〉が誤りであることを主張したのである。しかし、「合」の意の「かつ」ではなく、「数を足し合わす」「総和」の意を「数」として捉えたと考えると、「一」を〈かず〉と訓んだ姿勢と大差ないものと認められる。名乗り訓を理解する上では、こうしたことの解明が着実に展開、深化されることが必要である。

「二　字」
「一文字名」

先に見たように、多くの名乗り訓は二字を組み合わせて用いることが多かった。「まさ」は「とし」との組合せにより、「まさとし」「としまさ」のいずれかという形を取るのが、一般的であったのである。これにより、「二字」ということばが実名（名乗り）を指すことがあった（『十訓抄』など）。『類聚名物《るいじゅめいぶつ》考《こう》』（姓氏七）には、「仮名と実名とあり、仮名は俗の呼名なり、実名はすなはち名なり、俗に名告《なのり》といふ。是二字なる多き故にすなはち二字ともいふ也」という説明がある。また、中世以降、実名を有するのは武士が主であることから、「二字かうぶつた者」「二字を首にかけたる○○」の形で、武士の身分を示すことがある。

では、名乗りの文字は二字の組み合わされたものに限られていたかというと、必ずしもそうではなく、まれには一文字での名も見られた。『続日本紀』に津守連通《とおる》とか石川朝臣樽《たる》とか小野朝臣老《おゆ》、吉備朝臣泉《いずみ》などという名前が見えているから、奈良時代からすでにかなりの数の例があったと想像される。

平安時代に入ってからは名高い源 順《したごう》や小野 篁《たかむら》や河原左大臣源 融《とおる》などがあるが、そのほかにも源 寛《ひろし》・源 明《あきら》・源 定《さだむ》・源 安《やすし》・源 清《きよし》・源 勝《まさる》などという名前が知られている。多くは、嵯峨天皇や仁明天皇の皇子で、臣籍に下って源の姓を賜った者が、この一文字名を用いた。また、嵯峨天皇の皇子であった源融の子孫である渡辺氏も、名高い渡辺綱《つな》をはじめ、一文字名を用いた。それは、『源平盛衰記』の宇治合戦の条（一五）に、

渡辺党《ワタナベトウ》に省《ハブク》、連《ツヅク》、至《イタル》、覚《オボコ》、授《サズク》、与《アタウ》、競《キソウ》、唱《トナウ》、列《ツラ》、配《クバル》、早《ハヤシ》、清《キヨシ》、進《ススム》なんどを始《ハジメ》として各一文字《モンジ》に声々名乗て、三十余騎馬より飛下〳〵、橋桁《ハシゲタ》渡して戦《タタカイ》けり。

（蓬左文庫蔵写本）

とあって、よく知られている。これを「一文字名」（『沙石集』）、あるいは「一字名乗り」（『平治物語』）と称することもあった。

『大日本史』に見える一文字名の例を、平安時代以降、南北朝時代までについて調べた国語学者の佐藤喜代治によると、

明　昭　有　至　泉　穎　悦　撰　興　同　多　治　効　覚　蔭　賢　勝　謹　清　加

精　好　定　重　静　鎮　順　弼　進　澄　生　漑　副　篁　助　湛　建　平　保　近

就　継　包　勤　綱　常　照　融　直　双　任　舒　信　昇　光　啓　弘　寛　淵　昌
衛　希　道　安　恭　冷

といった例が得られるという。

さらに江戸時代になると頼山陽《らいさんよう》（襄―のぼる）、曲亭滝沢馬琴《きょくていたきざわばきん》（解―とく）とか渡辺崋《わたなべか》山《ざん》（登―のぼる）などの例がよく知られているし、明治以降でも、井上馨《かおる》、井上毅《こわし》とか犬養毅《つよし》とか原 敬《たかし》とか斎藤 実《まこと》とか多くの一文字名の人がある。

名前の読みにくさ

複数の訓が人名に用いられるだけでも、人名の読みにくさを感じる現実があるにもかかわらず、縁起のよさを願う武家特有の風習も加わって、さらにほかに別の訓が生み出されたりした。こうして命名には、ことばよりも、それを書き表す文字を吟味することになり、名に用いる漢字が自然に限定され、その読み方も次第に決まったものになって行った。一種独特の名乗り訓は、漢字の字種がある程度限定される動きと、それぞれの漢字が有している字訓の複雑さという面とが絡んでいて、名乗り字が命名者の意図したとおりに容易には読めないという事態を出来《しゅったい》させている。要するに、一般の「常識」では読めないことが多いのである。

名づけに用いる漢字の世界はこうして特殊な性格を帯びることとなり、江戸時代には

「名乗字引」とか「名字指南」というような名乗りの訓についての手引き書が出現するに及んだ。そうしていくらか教養があると見られる人々はこれを名づけの上で参考にし、漢字の字種や字訓の選択などに当たったのである。

本居宣長の周辺から

『韻鏡』が名乗りに（それも五行説がらみに）関わるのは、いかがわしいといえばこれほど根拠のないこともないと言わなければならないが、こうした『韻鏡』の利用の風潮に対する明確な批判が出されるようになるのは漢字の音韻研究で著名な釈文雄《もんのう》あたりに発するらしい。

本居宣長が書いたものの中（『玉勝間』など）にも同様の言辞が認められるが、おそらく宣長自身文雄のものに学んだのであろう。ここには、宣長の改名、門人たちの名乗りの実態、表記に関わるある種のこだわりとそれへの批判などをあわせて示してみる。

若年の頃、宣長の「実名」は「よしさだ」であった。それを自ら「ながさだ」と改めたことが彼の日記に見えている。〈よし〉にしろ〈なが〉にしろ、名乗り字はともに「栄」字を用いる。これは伝統的な名乗り字の使用に則っていると言える（先に例示した『拾芥抄』『姓名録抄』『韻鏡袖中秘伝抄』の各サンプル参照）。

○実名栄貞、元来《モトヨリ》与支沙駄《ヨシサダ》ト唱フ、今年九月十六日、自《ミ》ラ改《メ》テ唱フ　奈賀佐多《ナガサダ》

○九月十六日　実名　自《ミ》ラ栄貞《ナガサダ》ト改ム、モトハ栄貞《ヨシサダ》トトナヘタリ
（「日記（宝暦二年迄之記）」、『本居宣長全集』第十六巻）
（「日記（今井田日記）」寛延二年、『本居宣長全集』第十六巻）

この宣長の門人に鈴木仙蔵《すずきせんぞう》という仁がいる。もともとは名古屋の田中道麻呂《たなかみちまろ》の門下にあった人物である。「わざね」という音の響きを気に入っていたのか、これを名乗るのであるが、問題はその漢字表記にあった。田中道麻呂社中の名簿には「王社年」「早稲」の二種類の表記が見られるが、特に後者の表記については本人も気になったらしい。然るべきお墨付きを得たいとそれを求めた形跡がある。

まず、田中道麻呂社中の名簿を掲出してみる。鈴木仙蔵以外にはさほど珍奇な名乗りは見当たらない。

○田中道麻呂社中名簿
鳥井覚右衛門アマヒコ　海人彦　海彦　尼彦　馬陸《アマヒコ》
鈴木仙蔵ワサネ　王社年　早稲
荒井宇兵衛有尾　在雄　蟻雄
臼井次兵衛ウツヲ　珍男　珍雄

磯村万平ノブスケ　順弼
坂本吉兵衛ツラネ　列峯
松下《マツシタノ》真常《マツネ》　松根
早川代助　シロツコ
藤原のイナキ　稲置　稲木（藤斐他トウノヒダ）
山脇四郎モトマロ　本麿　本丸
僧　大恵（至誠院住持）
西生正雄《マサオ》　真竿
藤原イソタリ　石足
山田サキク（藤原新介）　幸　福　左菊
高市トナラビ　戸並　門並
渡辺ナホマロ　猶麿　直丸
張タケキヨ（張ノ振亮シンリヤウ）
（「天明二年正月下旬宣長宛田中道麻呂書簡」『本居宣長全集』別巻三）

然るべきお墨付きを求める鈴木仙蔵の願いは、宣長のもとにまで届いた。これに対して宣長は、その「不可」なることを門人横井千秋を通じて返答している。回答は明快である。その根拠には伝統的な名乗り字の認識があったと推測しても大きな過ちを犯すことにはならないであろう。ここにその回答の書簡を読み下して示す。

一、わざねと申す名、二字に書き申すべき文字の事、右はせんだつても沙汰これ有り。色々案じ見申し候へ共《ども》、輪実《わさね》とより外《ほか》は書き難し。此の文字は面白からず存ぜられ候ふ。もつとも早の字ワサと訓み申し候ふ事は、無理にても御座無く候へ共、早稲と書き候ひては、ワセとよみ申すべく、又早根と書き候ひては、ハヤネとよみ申すべく候へば、とかく正しく、ワザネとよみ申すべき書き方御座無く候ふ。全体ワザネと申す語、正しからず候ふ故、二字には書きがたく候ふ也。是非共二字に書き申し候ふ時は、右の輪実より外はこれ無き義と存ぜられ候へば、やはり従来の通り、三字に仮名書きにいたされ然るべく存じ奉り候ふ。

（「寛政二年正月十二日横井千秋宛宣長書簡」『本居宣長全集』第十七巻による）

さて、近世の時期の名乗りそのものの研究がどの程度なされているのか、不明にして多くを知らないのだが、この方面の研究が確実に進展するためには、ある条件を満たす資料を豊富に持っていなければならないであろう。その条件とは、名乗りの漢字表記とともに振り仮名が添えられているもの、もしくはそれに準じた扱いが可能なもの（別の漢字で同じ語形を表記したことが確実なものなど）である。先の、田中道麻呂社中の名簿は、こうした要求を満たすささやかな資料でもある。

いまひとつこうした類の資料を掲げる。本居宣長の門下生名簿である『授業門人姓名録』に、振り仮名が施されている例がそれである。

○『授業門人姓名録』中「名」に振り仮名のある例（寛政四年までの分）

中津伊右衛門　光多　ミツナ
岡田勝之右衛門三貞　ミツサダ
岩井田内記　尚友　ヒサ—
向井三郎兵衛　清品　キヨヒデ
泉　右門　舎栄　イヘヨシ
沢瀉　伊織　常尚　—ヒサ
上嶋専右衛門　美臣　ヨシヲ
河地小右衛門　重矩　—トモ
泉　蔵人　舎輝　イヘテル

刀禰五郎兵衛　直雄　タダヲ
向井市郎兵衛　喜長　ヨシナガ
薗田七神主　守諸　—ツラ
坂　常陸　尚品　—タダ
村田中書　光庸　—モチ
小浦彦之丞　朝通　アサ—
梅谷　治部　末晴　—ハル
岡田　頼母　源元善　—ヨシ
牛尾　大学　毎敏　ツネトシ

三浦七左衛門　正道　マサミチ
横町新左衛門　大伴広　ヒロム
井面九禰宜　守訓　―ノリ
菊谷　兵部　末偶　スヱトモ
小嶋宇兵衛　雅秀　マサ―
泉　宮内　謙　ユツリ
服部　義内　中庸　―ツネ
鬼藤新左衛門　元吉改吉当　ヨシアツ
高林勝三郎　方朗　ミチアキラ
斉田　義助　清縄　キヨツナ
杉谷　参河　彝　ツネ
河村　徳助　円　ツブラ
七里　サキ　政要　マサトシ
石原喜左衛門　将聴　マサアキラ
伊藤平右衛門　公彝　キムツネ

益谷　大学　末寿　―ホギ
斎藤　利三　藤原秀満　―マロ
山根　民部　信満　サネマロ
十文字典膳　重頭　―アキ
鈴木　土佐　穂積梁満　ヤナマロ
藤本　勇　久葛　―ツラ
林　久左衛門　稽古　トホフル
栗田　民部　土麻呂　ヒヂ―
ユツリハ少進　邦寿　クニヨシ
原田　道川　垂水　タルミ
大矢仁左衛門　重角　―カド
須賀　圭民　手纏　―マキ
山田　新助　幸来　サキク
萩原徳兵衛　元克　モトエ
中山　将監　藤原吉埴　―ハニ

（『本居宣長全集』第二十巻）

このような資料が豊富に利用できるならば、見通しは暗くはないであろう。しかし、時代、階層、教養などその名を負った人々の所属のありようがどんなものであったか、すなわち社会言語学的な項目における相違の有無などを、精確に吟味して整理検証してからないと、得られるものは何ほどもないのではなかろうか。

この「『名乗り字』と『名乗り訓』とは」を閉じるに当たり、本居宣長が到達した名乗りの認識を端的に語っている一文を示しておく。

今の世人の名の事

近き世の人の名には、名に似つかはしからぬ字をつくこと多し、又すべて名の訓は、よのつねならぬがおほきうちに、近きころの名には、ことにあやしき字、あやしき訓有て、いかにともよみがたきぞ多く見ゆる、すべて名は、いかにもやすらかなるもじの、訓のよくしられたるこそよけれ、これに名といふは、いはゆる名乗実名也、某《ナニ》右衛門某《ナニ》兵衛のたぐひの名のことにはあらず、さて又其人の性《ショウ》といふ物にあはせて、名をつくるは、いふにもたらぬ、愚なるならひ也、すべて人に、火性水性など、性といふことは、さらになきことなり、又名のもじの、反切といふことをえらぶも、いと愚

也、反切といふものは、たゞ字の音をさとさむ料にこそあれ、いかでかは人の名、これにあづからむ、

（『玉勝間』十四の巻）

根拠のない迷信を捨て、易しい文字を採用し、かつ訓のよく知られたものを名前に用いるべきだというのである。この宣長のまっとうな主張とは裏腹に、実際には読みにくい名前が増えてゆく。皮肉なことである。

逸脱してゆく名前

ある町の「広報」所載の出生者名

話を現代に移そう。このごろの人名の漢字表記を目にして、一見しただけでその読み方が命名者のそれと一致しないということは、珍しいことではない。かつての「名乗り字」が字訓の拡張という一種の日常

漢字の用法からの逸脱といった趣があったのに対して、このごろの人名漢字の用法は、「名乗り字」という「枠」からさえ逸脱しているという印象を持つ。この印象が単なる個人的な感覚にとどまるものであるのか、時代の漢字用法を正しく反映する客観的な事実であるのか、検証する必要がある。

『『名乗り字』と『名乗り訓』とは」で、振り仮名が添えられた資料が有用であることに

触れたが、ここでも振り仮名付きの資料による。町の「広報」という手近な資料を利用して、現状の一端を窺ってみることにする。

○『広報○○』（東北地方の人口一万五〇〇〇人程度の町）の「おたんじょうおめでとうございます」欄の人名（上から、子どもの名前とその読み、両親の名前　平成七年九月号〜平成十年二月号）

越高　樹	たつき	秀光・千穂美
猿田　航也	こうや	和仁・一子
原田　悠貴	ゆうき	清孝・恵子
佐々木隆司	りゅうじ	雪博・直美
嶋崎　聖也	せいや	時雄・久美子
上杉　拓美	たくみ	寿　・順子
椎名　宏輝	ひろき	一　・恵美子
鈴木　華歩	かほ	善久・陽子
小林　卓矢	たくや	克至・ひろみ
久保市郭雅	かくま	修　・由紀

原田　慎也	しんや	司　・真弓
工藤　一樹	かずき	智明・祐子
椎名　里帆	りほ	正人・博美
柴田　龍志	たつし	学　・己和子
大宮　健悟	けんご	和浩・みどり
小玉　志穂	しほ	隆　・さつ子
石井　涼	りょう	久孝・千穂子
阿部優津葉	ゆずは	悟　・直美
石川　慈花	ちか	嘉博・初子
小玉　哲太	てつた	成人・美和
一ノ関優哉	ゆうや	広和・智子
高津　裕樹	ひろき	智　・美佳
金澤　京介	きょうすけ	幸則・昌子
石井　拓弥	たくや	秀夫・明美
畑澤　俊	すぐる	徹　・なおみ

本間　梨沙	りさ	聡　・成美
佐々木雅紀	まさき	光彦・美香
畠山　大地	だいち	健一・美季
石川　匠美	なるふみ	諭　・久美子
石川　卓也	たくや	仁志・篤子
佐々木なつみ	なつみ	雅洋・康子
佐藤　芙未	ふみ	保志・貴子
山田　涼香	すずか	進　・悦子
伊藤　　昌	しょう	精孝・明美
猿田　亮介	りょうすけ	武　・智子
佐藤　拓也	たくや	博　・ジョセリンクルズ
椎名日向子	ひなこ	知　・志保
斉藤　水晶	みずき	雄樹・智子
小林　真那	まな	聖好・敏江
北嶋千愛美	ちあみ	重美・真実

羽場　友作　ゆうさく　博・真由美
加賀谷将太　しょうた　基・恵
伊藤　美穂　みほ　洋一・美代子
伊藤　隆聖　りゅうせい　英之・信子
（傍線を施したのは音訓雑揉の名。以下同じ）

ここまでは、苗字や両親の名前と子への命名が密接な関連があるか否かという観点も含んで示してみた。ここに見る限り、答えは「否」という以外にない。最近はどこの自治体でも似たような企画で「広報」に新生児の記事を掲載する（一方で、個人情報を保護するという趣旨で載せない自治体も増えている）。この記事の有用なのは、両親の名と対照できることである。当該の広報では、親の一字を子どもにも付けようとする昔風の行き方がほとんど勢いを失っていると見て取れる。以下は、子の名前だけ掲出する。

季実香　きみか　顕太朗　けんたろう　祐哉　ゆうや
優里　ゆうり　魁　かい　楓　かえで
拓真　たくま　輝聖　きさと　秀憲　ひでのり
利菜　りな　恩　めぐみ　阿瑚　あこ

陽　みなみ
洸　ひかる
皐　さつき
豊久　とよひさ
涼平　りょうへい
ゆき乃　ゆきの
寿　ひさし
沙都子　さとこ
峻彦　たかひこ
栞那　かんな
恭介　きょうすけ
由希子　ゆきこ
健太郎　けんたろう
亜美　あみ
美紀　みき

綾華　あやか
弘之　ひろゆき
拓夢　たくむ
瑞稀　みずき
柊平　しゅうへい
愛　あい
栞南　かんな
英城　ひでき
和馬　かずま
ゆうき　ゆうき
相楽　さがら
双葉　ふたば
沙彩　さあや
樹　たつき
武文　たけふみ

里咲　りさ
咲弥　さくや
夕希　ゆうき
聖　しょう
杏華　きょうか
剛太　こうた
夏菜　かな
美聡　みさと
希　のぞみ
好伸　よしのぶ
マリア　まりあ
文洋　ふみひろ
ほたる　ほたる
城　じょう
実菜　みな

美紅　みく
美穂　みほ
堅登　けんと
陽　よう
大樹　だいき
浩太郎　こうたろう
陸　りく
浩大　こうだい
桜芽　さくら
沙紀　さき
香菜子　かなこ
立樹　たつき
弥生　やよい
真実　まみ
真人　まなと

夏希　なつき
美紀　みのり
香澄　かすみ
夏帆　かほ
光咲　みさき
沙希　さき
遼　りょう
美希　みき
奈々　なな
浩弥　ひろや
穂佳　ほのか
彰人　あきと
健　やす
信康　のぶやす
晃太郎　こうたろう

智恵　ちえ
沙希　さき
祐太朗　ゆうたろう
亜沙夏　あさか
聡　そう
瞳　ひとみ
桂雪　かつゆき
紘之　ひろゆき
彩　あや
美紅　みく
拓　たく
大治　たいち
行生　いくみ
昇平　しょうへい
恭壱　きょういち

公貴　こうき　　恵理　えり　　未冬　みと
良　りょう　　侑紀　ゆき　　昌吾　しょうご
椋也　りょうや　　嘉展　よしのぶ

こうして一覧した人名は百五十四名分であるが、いわゆる「音訓雑糅《ざつじゅう》」の名前は全体の約二十三%、三十六名に及ぶ。傍線を施したものがそれである。ただし、「すけ」「や」「こ」が名前の接尾語的要素として計算から除外すると約十八%ぐらいになる。「音訓雑糅」は「重箱読み」「湯桶《ゆとう》読み」の名でも知られ、中世および近世初期には一般の語彙においても使用を抑制させようとする「可笑《わらふべし》」という注意が見られる。「名乗り」においてその制約がより強く働いていたであろうことは、本居宣長の項で引いた『授業門人姓名録』における各人の「名乗り」にこの「音訓雑糅」が避けられている事実を見ることでも十分納得できるはずである。ただし、「名古屋」「米原《まいばら》」「吹田《すいた》」のように、地名などには、音訓雑糅の表記があり、あまり非難もされないところから見ると、建前と実際とには差があったものかもしれない。

「訓読み」の名で奇異な感じを抱かせるものは、「匠美（なるふみ）」「水晶（みずき）」「桂雪（かつゆき）」「光咲（みさき）」「健（やす）」、「音読み」のものでは「剛太（こうた)」「未冬(みと)」である。「剛」の本来の音は「コウ」であるから、正当な使用のようにも見えないではないが、現実には慣用音の「ゴウ」が世上ではすでに標準的なものに落ち着いているから、命名者は「岡」「崗」「鋼」「綱」の音「コウ」に類推したものと想像される。「音訓雑糅」のものでは「郭雅(かくま)」「千愛美(ちあみ)」「優津葉(ゆずは)」「穂佳(ほのか)」「輝聖(きさと)」などが、音や訓の一部を省略したり、少し無理な当て方をしているものとして挙げられる。極端な言い方をすれば、こうしたものは「名乗り字」からも逸脱しだしているのである。

ほんの一年半ほどの期間のわずかなサンプルでこうしたものが目につくということは、どのように理解すべきであろうか。「現代」という時代のしからしむるところなのか、このサンプルを得た地域の性格によるのか、命名者である人間の「教養」の問題なのか。それらが複合したなかなかに解きがたい性格を有するものなのか。それともほかに考えなければならないことがらがあるのか。あるいは、運勢と漢字の画数を関わらせ無理な表記にしているということもあるかもしれない。詳しい検証はすべて今後に残されている。

還暦祝いの同期会名簿から

例示した「広報」を発行している町の、平成十八年（二〇〇六）に還暦の祝賀会を催した際の名簿を示すことにする。この年齢の人々が生まれたのが、名づけに漢字制限をしようという動きがあったころで、戦前ほどの「難字」は見られない。昭和二十二年（一九四七）十二月に公布された「改正戸籍法」第五十条が出生届に用いる子の名に常用平易な文字を用いることを義務づけているが、これに先立つ昭和二十一年（一九四六）四月〜同二十二年三月生まれの人名がこのリストの範囲であって、命名に当たって平易な漢字を採用するという実態が法律の公布に先行している面が認められるのである。

憲一（けんいち）　正信（まさのぶ）　信（まこと）　由弘（よしひろ）　春作（しゅんさく）　嘉司（よしじ）　守（まもる）　和男（かずお）　重夫（しげお）　耕作（こうさく）　徹（とおる）　憲彦（のりひこ）　正志（まさし）　浩（ひろし）　清造（せいぞう）　憲治（けんじ）　正彦（まさひこ）　寿雄（としお）　元康（もとやす）　兼光（かねみつ）　義彦（よしひこ）　敏雄（としお）　良夫（よしお）　牧夫（まきお）　裕悦（ゆうえつ）　宏二（こうじ）　道子（みちこ）　則子（のりこ）　則子（のりこ）　泰子（やすこ）　律子（りつこ）　穂子（のりこ）　徳子（とくこ）　美智子（みちこ）　チエ（ちえ）　津代子（つよこ）　トミ

子（とみこ）　緑（みどり）　笑子（えみこ）　洋子（ようこ）　美保子（みほこ）　コト（こと）　ヒデ子（ひでこ）　敦子（あつこ）　幸子（こうこ）　真紀子（まきこ）　ユリ子（ゆりこ）　京子（きょうこ）　恵美子（えみこ）　解子（ときこ）　優子（ゆうこ）　由紀子（ゆきこ）　悦美（えつみ）　良雄（よしお）　佐吉（さきち）　晃（あきら）　芳春（よしはる）　勉（つとむ）　正（ただし）　允（まこと）　二郎（じろう）　仲雄（なかお）　清（きよし）　研一（けんいち）　正彦（まさひこ）　一彦（かずひこ）　峰男（みねお）　喜芳（きよし）　精允（まさよし）　元久（もとひさ）　正市（しょういち）　真一（しんいち）　隆（たかし）　幸四郎（こうしろう）　信雄（のぶお）　邦彦（くにひこ）　善太郎（ぜんたろう）　至（いたる）　公男（きみお）　幸子（ゆきこ）　玲子（れいこ）　茂子（しげこ）　幸子（さちこ）　鏡子（きょうこ）　マス子（ますこ）　博子（ひろこ）　ノリ子（のりこ）　フキ子（ふきこ）　千恵子（ちえこ）　淑子（よしこ）　元子（もとこ）　千恵子（ちえこ）　純子（じゅんこ）　栄子（えいこ）　礼子（れいこ）　幸子（さちこ）　みち子（みちこ）　トモ（とも）　京子（きょうこ）　和子（かずこ）　雅子（まさこ）　日出子（ひでこ）　美紀子（みきこ）　悦子（えつこ）　信雄（のぶお）　三智美（みちみ）　英一（えいいち）　鉄美（てつみ）　有一（ゆういち）　春悦（しゅんえつ）　次男（つぎお）　隆一郎（りゅういちろう）　恵一（けい

いち）　孝悌（こうてい）　四郎（しろう）　鐐作（りょうさく）　正夫（まさお）　正彦（まさひこ）　一男（かずお）　健一（けんいち）　幸雄（ゆきお）　篤美（あつみ）　孝雄（たかお）　正一（しょういち）　勤（つとむ）　重徳（しげのり）　次郎（じろう）　武志（たけし）　仁良（もとなお）　セツ子（せつこ）　加代子（かよこ）　タミ（たみ）　雅子（まさこ）　ムツ子（むつこ）　陽子（ようこ）　悠子（ゆうこ）　雅子（まさこ）　徳子（のりこ）　ヒフミ（ひふみ）　玲子（れいこ）　シズ子（しずこ）　信子（のぶこ）　マキ（まき）　和子（かずこ）　敦子（あつこ）　静江（しずえ）　節子（せつこ）　ケイ子（けいこ）　和子（かずこ）　ミチ（みち）　フミ子（ふみこ）　美穂子（みほこ）　サツ子（さつこ）　ケイ子（けいこ）　富士子（ふじこ）　むち子（むちこ）　信晴（のぶはる）　福見治（ふみじ）　二一（にいち）　久夫（ひさお）　徹（とおる）　仁（ひとし）　進一（しんいち）　鎮雄（しずお）　孝雄（たかお）　繁（しげる）　静雄（しずお）　富士男（ふじお）　礼二（れいじ）　俊雄（としお）　敏雄（としお）　幹男（みきお）　清孝（きよたか）　永治（えいじ）　和彦（かずひこ）　魁男（いさお）　秀夫（ひでお）　政志（まさし）　勝彦（かつひこ）　武夫（たけお）　博光（ひろみつ）　早苗（さなえ）　義人（よしひと）　典子（のりこ）　美保子（みほこ）　栄子（えいこ）　静子（しずこ）　育子（いくこ）　チサ子（ちさこ）　サチ（さち）

令（れい）　春子（はるこ）　栄子（えいこ）　タエ子（たえこ）　セイ子（せいこ）　美代子（みよこ）　誠子（せいこ）　慶子（けいこ）　麗子（れいこ）　アサ子（あさこ）　節子（せつこ）　仲子（なかこ）　啓子（けいこ）　トキ（とき）　鏡子（きょうこ）　道子（みちこ）　正子（まさこ）　郁子（いくこ）　ヤス子（やすこ）　静子（しずこ）　勇（いさむ）　清（きよし）　正隆（まさたか）　均（ひとし）　茂（しげる）　正一（しょういち）　義秋（よしあき）　正利（まさとし）　行治（こうじ）　弘（ひろし）　和悦（わえつ）　寛（ひろし）　忠一（ただかず）　重穂（しげほ）　弘美（ひろみ）　忠男（ただお）　浩次（こうじ）　彰（あきら）　弘（ひろし）　一夫（かずお）　毅（たけし）　斉（ひとし）　広三（ひろみ）　昇（のぼる）　エチ子（えちこ）　優子（ゆうこ）　友子（ともこ）　イツ子（いつこ）　フサ子（ふさこ）　圭子（けいこ）　晴子（はるこ）　邦子（くにこ）　静子（しずこ）　光子（みつこ）　ミヨ子（みよこ）　留美（るみ）　美代子（みよこ）　ユリ子（ゆりこ）　弘子（ひろこ）　三穂（みほ）　テル子（てるこ）　鉄子（てつこ）　弘子（ひろこ）　昭子（しょうこ）　美音子（みねこ）　綾子（あやこ）　ゆき（ゆき）　紀子（のりこ）　信子（のぶこ）　延寿（のぶとし）　光治（こうじ）　光芳（みつよし）　義雄（よしお）　重剛（しげよし）　正一（しょういち）　三雄（みつお）　修二（しゅうじ）　寿信（ひさのぶ）　和彦（かずひこ）

誠逸（せいいつ）　和彦（かずひこ）　政一（せいいち）　健（けん）　寿弘（としひろ）　吉雄（よしお）　稔（みのる）　義則（よしのり）　時雄（ときお）　元成（もとなり）　忠直（ただなお）　克己（かつみ）　利彦（としひこ）　和信（かずのぶ）　義朗（よしろう）　文七（ぶんしち）　誠子（せいこ）　タマ子（たまこ）　末利子（まりこ）　秋子（あきこ）　節子（せつこ）　光子（みつこ）　笑美子（えみこ）　タイ（たい）　淳子（じゅんこ）　啓子（けいこ）　俊子（としこ）　順子（じゅんこ）　正子（しょうこ）　純子（じゅんこ）　ミコ（みこ）　優子（ゆうこ）　つせ（つせ）　志保子（しほこ）　テイ子（ていこ）　美紀子（みきこ）　浩子（ひろこ）　晃子（こうこ）　栄子（えいこ）　陽子（ようこ）　千鶴子（ちづこ）　愛子（あいこ）　敬子（けいこ）

以上、「読めない」ものはきわめて少ない。同じ名が何人にも用いられていて、あるいは「陳腐」という印象があるかもしれないが、「難字」というほどのものはない。それだけ「常用平易な」漢字の選択が、名づけをする際に行われていたとも見られるが、一方では、終戦からさほど隔たらない時期では生きて行くのが精一杯で、凝った名前にこだわってなどいられなかったという事情を反映していると見ることもできる。「個性的」というコンセプトで名づけがなされる時代ではなかったということであろう。

この名簿では、傍線を施して示した音訓雑揉の名前表記がそれなりの数で認められる。後に、この割合が増加して行った事実は、「プロローグ」で示した名前の実態によって確認できる。また、女子の名で、「子」のつく名が圧倒的に多いのも、この時代を語るものとして特色あるものである。

「止め字」の多様化

平成十三年（二〇〇一）に皇太子ご夫妻に内親王が誕生し「愛子」さまと命名されたことは記憶に新しい（もっとも最近では秋篠宮家に親王誕生で、「悠仁」という字面で「ひさひと」と訓む名がつけられた話題に取って代わられた観があるが）。女子に「子」をつけたのは皇室の伝統によるものだが、皇室以外でも以前は一般的に女子の名前の「止め字」として「子」を使っていた。「止め字」という術語を私は久しく知らずに来たが、市販の名づけガイド本では広く用いられている語であるらしい。正確な定義を下したものを見たことがないので、一応は人名用接尾語「―すけ」「―こ」「―み」「―お」などを含む、人名の末尾一ないし二音節の部分に相当する漢字をいうと解される。「添字」とも言うらしい（田原広史「人名」）。

愛子さまご誕生にあやかって「子」のつく名もつけられることはあったが、しかし、最近では「子」を止め字として使うことは少なくなっているようである。

データとして、明治生命保険（現明治安田生命）による大正元年（一九一二）から平成十二年（二〇〇〇）の各年生まれの名前調査結果のベスト一〇を挙げる。

このデータの中で、大正元年から昭和六十年（一九八五）、平成四年（一九九二）、平成六年（一九九四）から平成八年（一九九六）、平成十一年（一九九九）の、計七十九年分で、止め字として「子」が使われた名前がベスト一〇にランクインしている。そのうち、大正十年（一九二一）から昭和三十一年（一九五六）の三十六年間は、ベスト一〇がすべて止め字として「子」が使われた名前である。このことからも、女子の名前に止め字として「子」を使うことがかなり一般的だったことがわかる。

ところが、昭和三十二年（一九五七）に初めて止め字として「美」を使った名前がベスト一〇にランクインすると、その後徐々に止め字として「美」を使うことに人気が出てくる。さらに、昭和四十七年（一九七二）には初めて止め字として「香」を使った名前がベスト一〇にランクインし、以後、「織」「穂」「紀」「衣」などを止め字として使った名前もランクインするようになる。そして、昭和六十一年（一九八六）からはかなり一般的だった止め字として「子」を使った名前はベスト一〇から姿を消すことになる。

また、このような流れの中で、平仮名のみの名前、漢字一文字の名前、一般的に止め字としてはあまり使われない漢字を最後につける文字として使った名前など、止め字にこだわらない名前もベスト一〇にランクインするようになる。例えば、昭和四十七年（一九七二）の七位に「恵美」という名前がランクインしているが、翌年の昭和四十八年（一九七三）には、同じく「恵美」が六位にランクインしているほかに、「恵」が八位にランクインしている。さらに、昭和五十一年（一九七六）は、八位に「めぐみ」、九位に「恵」がランクインしていることから、このころから、つけたい名前に対する止め字へのこだわりが希薄になってきたことがわかる。「二〇〇一年生まれの名前調査」でも、女子の一位が「さくら」だったほか、二位は「未来」、三位は「七海」となっており、最近の名づけも止め字へのこだわりが以前と比べて希薄になっていることがわかる。

このような止め字の多様化は、名づけに使える文字の使い方そのものが多様化していることの一端を示していると理解できる。例えば、「子」に替わって止め字として使われることが多くなった「美」は、止め字として人気が出る前に、「久美子」「由美子」「美智子」など、止め字として「子」を使った名前の一部として使われ、ベスト一〇にもランクインしていたものである。また、逆に、漢字一文字の名前の最後に他の漢字をつけるという変化も見られる。例えば、昭和六十年（一九八五）から「彩」がベスト一〇にランクインしているが、併せて昭和六十四年・平成元年（一九八九）からは、「彩香」「彩乃」「彩夏」もベスト一〇にランクインするようになった。

ベネッセの調べによる平成十七年の命名人気上位ベスト一〇は、次のようなものであるという（『朝日新聞』の引用記事による）。

〔男の子〕

1颯太（そうた）　2大翔（ひろと）　3翔太（しょうた）　4翔（しょう）　5大輝（だいき）　6拓海（たくみ）　7優斗（ゆうと）　8優太（ゆうた）　9海斗（かいと）　10大和（やまと）　10翼（つばさ）

人名に用いられる漢字で頻度の高いものは、太・大・翔・斗・優・輝の順。

その命名の意図を「『元気で、やさしく、おおらかで、素直な、大地のごとき』男性に育って欲しいと願っているらしい」と読み取って紹介している。

〔女の子〕

1陽菜（ひな）　2美咲（みさき）　3さくら　4葵（あおい）　5凛（りん）　6七海（ななみ）　7美優（みゆう）　8美羽（みう）　9彩花（あやか）　10ひなた

漢字の頻度では、菜・美・愛・花・奈・優の順。

命名の意図については、『やさしく、愛にあふれた、美しく、花のような』女性になって欲しいとの願い」によると見ている。

以上のようなことから、最近の名づけには、人気のある文字を使いながらも、使い方を工夫することで出来るだけ個性的な名前にしようという心理が窺える。

名前の機能低下

文字の使い方そのものを多様化させることで親が望ましいと考える現代風の名前や、より個性的な名前になる一方で、社会的機能という面では多少不便な名前が出現している。

ひとつは、限られた漢字で何通りもの名前がつけられるようになったために、同じ漢字を使った他の名前と間違えられやすい名前の出現である。例えば、昭和三十六年（一九六二）から昭和五十四年（一九七九）の十九年間にわたって「真由美」という名前がベスト一〇にランクインしていることから、「まゆ」という読みを使った名前はかなり一般的で認識されやすい名前だと言える。ところが、「ま」と「ゆ」の順を逆にして「ゆま」という形を持った名前にすると、「まゆ」に比してそれほど一般的ではなくなる。そのため、「ゆま」がそのまま「ゆま」として受け取られず、「まゆ」に誤認されてしまう可能性が高いと言える。実際、そうした経験を持つ「由真」という名の卒業生や、「ひろゆき」に間違えられる「幸裕（ゆきひろ）」という人物が私の身のまわりにもいた。

もうひとつは、止め字へのこだわりが希薄になったために、名前を見ただけでは男女の別がわかりにくい名前の出現である。例えば、止め字として「美」を使い女子の名前としてつけていた名前でも、止め字を使わず一文字の名前として使えるようになる場合がある。「望」という字で「のぞみ」という女性と、「のぞむ」という男性がいる。このように読み方による語形が変わると男女の別がわかるものはまだしも、中には「歩」という字で「あゆむ」（男）の名がある一方で、「あゆみ」という男女いずれにも用いられる名の場合はややこしい。男女の別がわかりづらい名としては、漢字一字の名前以外にも、「優輝」「伊吹」「光希」「伊織」など多数ある。

止め字には、男らしさ・女らしさを表すという役割もあり、その役割を果たす新しい止め字も次々と生まれている。その一方で、従来使われていた止め字が使われなくなってきたり、男らしさ・女らしさと無関係な止め字が生まれてきたりして、男女の名前の中性化も進んでいる。止め字の多様化は、そのまま名前自体の多様化と言い換えることもできるが、今後名前は一層の多様化を遂げることになるだろうと予想される。

戦後五十年、一般的に見て以下の用い方が目につくようになってきている。ただし、（1）（2）は日本語表記の世界では古くから観察できることである。

変則的な音訓の用い方

（1）漢字本来の音というより、音環境で有声化した音を採用
　晋司（しんじ）　幸史（こうじ）　森詩（しんじ）
（2）漢字本来の音形の一部を用いる
　祐美子　裕美子　有美子　優美子（以上、ゆみこ）　玲桜（れお）
（3）漢字のイメージ（意味）を現行の音訓に関係なく採用
　颯（はやて）　瞳里（みさと）
（4）熟字を現行の音訓を無視して採用
　永遠（とわ）　夢翔（ゆうと）
（5）漢字と対応する外国語の音形を採用
　月菜（るな）　※この場合「菜」は捨て漢字に相当
（6）訓の一部を用いる
　萌奈（もな）　渚月（なつ）　希彩（のあ）

これ以外にも、イメージ先行のでたらめが意外なほど多い。その原因の一つとして考えられるのは、「名づけ指南書」の存在である。市販されている名づけのガイドは、十指に余るなどという程度には留まらない。その著者の多くは開運を導くと称する占いの専門家のようである。ことばを扱う分野の人が執筆したものはほとんど目にする機会がない。そして、開運に良しとして奨める実例が、このでたらめな音訓の使用に基づいたものである。たぶん、初めて子を持つことになった親たちの多くは、辞書を引くという機会もあまり持たないのであろう。子をもつと、親は急に「表現者」になる、「詩人」になる傾向があるようだが（工藤力男「当世奇名辞典(二)」）、せめて日本語の中で果たしてきた漢字の基本は押さえてほしいものである。

小学生の名前

以下に掲げるのは、平成十七年度の、ある小学校全児童の名前である。このうち傍線を施してあるのは、私が読みを予想して迷ったり（複数の読みが実際に存在する）、オヤ（珍奇だ）と感じたり、在来の日本語ではないと見たりしたものである。程度の違いはあるものの「広報」所載の新生児名にマークした名と重なる。時期的にいってもほぼ同時期のデータである。「広報」所載の名が小さな田舎町の例であるのに対し、こちらは通学区域の広い「県都」の子どもの名である。

〔あ行〕

愛（あい） 藍香（あいか） 愛理（あいり） 藍理（あいり） 葵（あおい） 明音（あかね） あかね（あかね） あかり（あかり） 明香里（あかり） 朱莉（あかり） 亜希（あき） 尭恵（あきえ） 章伸（あきのぶ） 瑛裕（あきひろ） 顕（あきら） 旭（あきら） 旦（あきら） 亜子（あこ） 朝衣（あさぎ） あさひ（あさひ） 旭（あさひ） 明日香（あすか） 明日美（あすみ） 敦子（あつこ） 敦仁（あつひと） 亜弥（あや） 彩（あや） 采（あや） 文香（あやか） 彩夏（あやか） 彩花（あやか） 綾音（あやね） 文音（あやね） 彩有（あゆ） 彩友美（あゆみ） 新（あらた） 安理紗（ありさ） 杏奈（あんな） 杏南（あんな） 一久真（いくま） 一加（いちか） 一登（いちと） 壱器（いっき） 右京（うきょう） 映末（えみ） 絵理（えり） 瑛梨（えり） 恵莉香（えりか） 絵里奈（えりな） 桜路（おうじ） 織美愛（おりびあ） 織彦（おりひこ）

〔か行〕

凱（かい） 快（かい） 花唯（かい） 凱亜（がいあ） かえで（かえで） 香音（かおと） 香織（かおり） 薫（かおる） 馨（かおる） 嘉子（かこ） 千貴（かずき） 和樹（かずき） 一輝（かずき） 一樹（かずき） 寿子（かずこ） 千紗（かずさ） 和俊（かずとし）

和秀（かずひで）　一史（かずふみ）　和正（かずまさ）　佳澄（かすみ）　和道（かずみち）　加奈（かな）　佳奈（かな）　かな恵（かなえ）　佳苗（かなえ）　奏恵（かなえ）　佳奈子（かなこ）　果音（かのん）　果穂（かほ）　佳歩（かほ）　花保（かほ）　香椰（かや）　かるな（かるな）　観子（かんこ）　栞奈（かんな）　希弥佳（きみか）　杏花（きょうか）　京華（きょうか）　強子（きょうこ）　響子（きょうこ）　杏子（きょうこ）　恭平（きょうへい）　雲母（きらら）　久瑠見（くるみ）　群（ぐん）　圭（けい）　慧（けい）　奎（けい）　景（けい）　啓貴（けいき）　啓吾（けいご）　圭剛（けいご）　圭亮（けいすけ）　佳祐（けいすけ）　啓祐（けいすけ）　慧成（けいせい）　啓太（けいた）　慶太（けいた）　謙（けん）　元（げん）　絃（げん）　顕一郎（けんいちろう）　献広（けんこう）　健太（けんた）　玄太（げんた）　健人（けんと）　建斗（けんと）　憲人（けんと）　光（こう）　豪（ごう）　鴻一（こういち）　宏樹（こうき）　鴻己（こうき）　公貴（こうき）　香子（こうこ）　宏治（こうじ）　光輔（こうすけ）　広涼（こうすけ）　幸育（こうすけ）　宏典（こうすけ）　光翼（こうすけ）　航成（こうせい）　宏造（こうぞう）　孝太（こうた）　皓太（こうた）　孝太（こうた）　航太（こうた）　洸大（こうだい）　広大（こうだい）　晃太郎（こうたろう）　航太郎（こうたろう）　公太郎（こうたろう）　広太朗（こうたろう）　洸平（こうへい）

光平（こうへい）　康平（こうへい）　広野（こうや）　琴巳（ことみ）　こなつ（こなつ）

〔さ行〕

紗彩（さあや）　彩華（さいか）　冴（さえ）　沙衣（さえ）　沙織（さおり）　史（さかえ）　沙妃（さき）　早葵（さき）　里咲（さき）　紗生（さき）　櫻（さくら）　幸（さち）　覚子（さとこ）　聡（さとし）　聖（さとる）　紗生（さな）　紗捺（さな）　早奈恵（さなえ）　彩花（さやか）　沙弥香（さやか）　紗弥圭（さやか）　紗理（さりい）　沙里奈（さりな）　栞（しおり）　安香（しずか）　志奈子（しなこ）　偲乃（しの）　誌乃（しの）　志保（しほ）　志帆（しほ）　しほ（しほ）　周平（しゅうへい）　嵩平（しゅうへい）　寿樹哉（じゅきや）　舜（しゅん）　駿（しゅん）　旬（しゅん）　舜（しゅん）　純輝（じゅんき）　俊輔（しゅんすけ）　駿介（しゅんすけ）　駿輔（しゅんすけ）　俊祐（しゅんすけ）　俊太（しゅんた）　俊太郎（しゅんたろう）　醇奈（じゅんな）　駿平（しゅんぺい）　潤平（じゅんぺい）　淳哉（じゅんや）　俊洋（しゅんよう）　翔（しょう）　将（しょう）　成（じょう）　晶悟（しょうご）　匠汰（しょうた）　章太郎（しょうたろう）　将太郎（しょうたろう）　将平（しょうへい）　史朗（しろう）　晋一（しんいち）　真義（しんぎ）　新太（しんた）　紳太郎（しんたろう）　信也（しんや）　真也（しんや）　傑（すぐる）　克（すぐる）　俊（すぐる）

鈴佳（すずか）　珠奈央（すなお）　昴（すばる）　清弘（すみひろ）　すみれ（すみれ）　整（せい）　生（せい）　星雅（せいが）　創（そう）　聡一郎（そういちろう）　創太（そうた）　颯太（そうた）　宗太郎（そうたろう）　崇太郎（そうたろう）　苑子（そのこ）

〔た行〕

泰（たい）　大（だい）　大河（たいが）　大器（たいき）　大輝（だいき）　大貴（だいき）　大志（たいし）　大志（だいし）　大輔（だいすけ）　大将（だいすけ）　大成（たいせい）　大地（だいち）　大智（だいち）　泰良（たいら）　貴明（たかあき）　喬生（たかお）　貴司（たかし）　貴俊（たかとし）　尊治（たかはる）　貴仁（たかひと）　崇史（たかふみ）　貴郁（たかふみ）　嵩也（たかや）　琢行（たかゆき）　嵩征（たかゆき）　隆吉（たかよし）　琢（たく）　拓馬（たくま）　拓未（たくみ）　拓海（たくみ）　巧（たくみ）　拓郎（たくろう）　丈志（たけし）　尊（たける）　長瑠（たける）　匡（たすく）　達生（たつき）　達也（たつや）　珠貴（たまき）　環（たまき）　千華（ちか）　知里（ちさと）　千穂（ちほ）　司（つかさ）　翼（つばさ）　哲平（てっぺい）　時生（ときお）　寿樹（としき）　俊樹（としき）　音萌（ともえ）　朋花（ともか）　禎一（ともかず）　智基（ともき）　智樹（ともき）　朝経（とものり）　知海（ともみ）　友美（ともみ）　朋道（ともみち）　知弥（ともや）　智

康（ともやす）

〔な行〕

奈穂（なお） 奈央（なお） 菜央（なお） 直一郎（なおいちろう） 直輝（なおき） 直人（なおと） 尚人（なおと） 直之介（なおのすけ） 直秀（なおひで） 尚道（なおみち） 直也（なおや） なぎさ（なぎさ） 夏希（なつき） 菜月（なつき） 夏音（なつね） 夏穂（なつほ） なつみ（なつみ） 奈都美（なつみ） 夏海（なつみ） 奈菜（なな） 奈那（なな） なな子（ななこ） 菜々子（ななこ） 七瀬（ななせ） 七夏太（ななた） 七海（ななみ） 菜穂里（なほり） 菜実（なみ） 勢登（なりと） 音々（ねね） のえる（のえる） 望実（のぞみ） 希望（のぞみ） 望（のぞみ） 希美（のぞみ） 志（のぞむ） 望（のぞむ） 延彦（のぶひこ） 徳子（のりこ） 倫子（のりこ） 倫大（のりひろ） 矩浩（のりひろ）

〔は行〕

元（はじめ） 英恵（はなえ） 駿大（はやと） 駿（はやま） 春佳（はるか） 晴香（はるか） 遥（はるか） 遥夏（はるか） はる香（はるか） 悠加（はるか） 晴希（はるき） はるな（はるな） 春奈（はるな） 春水（はるみ） 華奈（はんな） ひかり（ひかり） 光

（ひかる）　永（ひさし）　寿人（ひさと）　央充（ひさみち）　英樹（ひでき）　英駿（ひでとし）　雛子（ひなこ）　ひなた（ひなた）　日向（ひなた）　響（ひびき）　響貴（ひびき）　媛花（ひめか）　礼明（ひろあき）　裕亮（ひろあき）　広樹（ひろき）　拓樹（ひろき）　裕起（ひろき）　浩子（ひろこ）　寛子（ひろこ）　浩（ひろし）　裕史（ひろし）　寛享（ひろたか）　洋敬（ひろたか）　優賢（ひろたか）　宏斗（ひろと）　大隼（ひろとし）　寛道（ひろみち）　博文（ひろゆき）　文香（ふみか）　史佳（ふみか）　文香（ふみか）　蛍（ほたる）　帆南（ほなみ）　ほのか（ほのか）　萌佳（ほのか）

〔ま行〕

舞（まい）　茉依（まい）　真衣加（まいか）　舞佳（まいか）　舞子（まいこ）　真織（まおり）　眞子（まこ）　真妃（まこ）　真（まこと）　諒（まこと）　正秋（まさあき）　雅輝（まさき）　正樹（まさき）　真純（まさずみ）　将嵩（まさたか）　理人（まさと）　正人（まさと）　真広（まさひろ）　将大（まさひろ）　真也（まさや）　雅哉（まさや）　和志（まさゆき）　理（まさる）　万純（ますみ）　真澄（ますみ）　真奈（まな）　麻菜（まな）　茉菜（まな）　真奈（まな）　学（まなぶ）　慎乃（まの）　真秀（まほ）　真穂（まほ）　茉実（まみ）　真実（まみ）　真美子（まみこ）　万峰（まみね）　まゆ（まゆ）　麻佑（まゆ）

真由（まゆ）　真佑（まゆ）　真由香（まゆか）　万佑子（まゆこ）　真由子（まゆこ）　万莉子（まりこ）　麻里乃（まりの）　真琳（まりん）　美枝（みえ）　澪（みお）　美緒（みお）　未夏（みか）　聖佳（みか）　美樹（みき）　美貴子（みきこ）　美湖（みこ）　美郷（みさと）　水恵（みずえ）　瑞輝（みずき）　瑞穂（みずほ）　みちる（みちる）　実槻（みつき）　美槻（みつき）　観月（みづき）　充宏（みつひろ）　海斗（みと）　碧（みどり）　翠（みどり）　碧美（みどり）　緑里（みどり）　みな美（みなみ）　南美（みなみ）　稔梨（みのり）　みのり（みのり）　穂里（みのり）　珠遥（みはる）　美結（みゆ）　美優（みゅう）　美和（みわ）　武稔（むとし）　芽生（めい）　芽衣（めい）　慈（めぐみ）　萌（めぐむ）　萌（もえ）　萌夏（もえか）　萌子（もえこ）　元重（もとしげ）　幹久（もとひさ）　基宏（もとひろ）　幹史（もとふみ）　百香（ももか）　桃子（ももこ）

〔や行〕

泰文（やすふみ）　椰也（やや）　ゆい（ゆい）　唯人（ゆいと）　優（ゆう）　裕一郎（ゆういちろう）　悠華（ゆうか）　佑花（ゆうか）　有香（ゆうか）　優花（ゆうか）　悠希（ゆうき）　雄生（ゆうき）　有希（ゆうき）　勇樹（ゆうき）　悠希（ゆうき）　優紀（ゆうき）　悠貴（ゆうき）　友樹（ゆうき）　優子（ゆうこ）　祐介（ゆうすけ）　侑太（ゆうた）　雄大

（ゆうた）　雄太（ゆうた）　遊太（ゆうた）　優太郎（ゆうたろう）　裕太郎（ゆうたろう）　悠太朗（ゆうたろう）　優斗（ゆうと）　遊斗（ゆうと）　優菜（ゆうな）　裕奈（ゆうな）　侑平（ゆうへい）　悠海（ゆうみ）　侑美（ゆうみ）　結也（ゆうや）　雄也（ゆうや）　祐也（ゆうや）　有里（ゆうり）　由佳（ゆか）　優佳（ゆか）　由佳（ゆか）　ゆかり（ゆかり）　紫（ゆかり）　悠花莉（ゆかり）　由起（ゆき）　雪絵（ゆきえ）　幸永（ゆきな）　雪乃（ゆきの）　幸人（ゆきひと）　優（ゆたか）　豊（ゆたか）　柚那（ゆな）　優麻（ゆま）　佑美（ゆみ）　優美（ゆみ）　優美子（ゆみこ）　祐美奈（ゆみな）　祐里（ゆり）　友理（ゆり）　裕理（ゆり）　由莉（ゆり）　有莉（ゆり）　由理英（ゆりえ）　友里子（ゆりこ）　友理子（ゆりこ）　遥（よう）　耀（よう）　陽子（ようこ）　瑤子（ようこ）　陽信（ようしん）　遥介（ようすけ）　瑛平（ようへい）　佳男（よしお）　祥樹（よしき）　慶貴（よしき）　嘉展（よしのぶ）　昌紀（よしのり）　義典（よしのり）　義仁（よしひと）　圭史（よしひと）　佳史（よしふみ）　喜未（よしみ）　佳水（よしみ）

〔ら行〕

梨恵（りえ）　里緒（りお）　李音（りおん）　りか（りか）　里加（りか）　理佳（りか）　里香子（りかこ）　力斗（りきと）　陸（りく）　理子（りこ）　莉子（りこ）　理彩（りさ）

理沙子（りさこ）　莉穂（りほ）　理帆（りほ）　隆太（りゅうた）　龍太郎（りゅうたろう）　竜斗（りゅうと）　亮（りょう）　諒（りょう）　凌（りょう）　遼（りょう）　了（りょう）　涼（りょう）　綾一（りょういち）　涼介（りょうすけ）　良輔（りょうすけ）　龍介（りょうすけ）　僚太（りょうた）　良太（りょうた）　涼太（りょうた）　亮太（りょうた）　遼真（りょうま）　りりか（りりか）　りり子（りりこ）　琳之介（りんのすけ）　瑠偉（るい）　瑠加（るか）　瑠菜（るな）　瑠璃（るり）　瑠莉子（るりこ）　怜（れい）　玲伊（れい）　玲（れい）　麗子（れいこ）　怜那（れいな）　れいな（れいな）　玲南（れいな）　レナ（れな）　玲那（れな）　錬（れん）　蓮（れん）　れんか（れんか）

〔わ行〕

航（わたる）

人名にかくも自由に漢字を当てることが可能なのは、「常用漢字表」や「人名用漢字別表」の範囲の漢字でありさえすれば、実際の「音」「訓」の形は何の制約もないことに起因する。固有名の表記や読みに制約を設けないことは、今後の文字使用を上手に（効率よく）維持していく上で支障はないのであろうか。

有限の労力という条件のもとで、「書き易さ」と「読み易さ」によって、間違えずにそれとわかる表現を心がけるべきであるにもかかわらず、同類のものと区別されることをねらう「顕示」を意図するあまり、何のことかわからない表記になっているものが増えつつあるようである。

人名以外の分野でも、たとえば、「魚舞《うまい》」「今《ここ》」「舞酔《まよい》」「魔呑《まのん》」「夢民《ムーミン》」「魚魚菜祭《どどさいさい》」「髪友《カミユ》」「髪々《カンカン》」「焼肉　樹牛樹牛《ジュウジュウ》」「夢生《ゆな》ハウス」など、酒食に関わりのある店名や、美容院、アパート・マンションの名前にこの傾向が強く現れるようになってきている。俳優やタレントの芸名にもこの種のものが多い。また、広告コピーの表記にも、意図的に採用されることが目立つようになった。

新生児の命名に、この「顕示」が働く世界が以前より近しいものとなっていると考えられる。とはいえ、人の名前は、普通のことば以上に思い入れのあるものであり、それが意図したとおり読まれることがない事態の方が多いなどといったことにでもなれば、不幸である。

近代の言語政策との関わり

近代日本の言語政策の一つに、日常使用する漢字の種類を制限しようというのが挙げられる。これは、国民全体の識字力を向上させる上で学習効率のよい範囲を考慮したものであった。日本語の使い手が漢字・漢文の学習に精力の大半を吸い取られるような状況は、ある意味で異様である。天正十三年（一五八五）に加津佐《かづさ》（長崎県）でまとめられたルイス・フロイスの『日欧文化比較』（第一〇章）に、

われわれは二十二文字で書く。彼らは仮名 cana のＡＢＣ四十八文字と、異なった書体の無限の文字とを使って書く。

われわれは書物から多くの技術や知識を学ぶ。彼らは全生涯を文字の意味を理解することに費やす。

と指摘しているが、ここで「彼ら」と呼ばれているのが日本人である。この状態のまま、鎖国を迎え、開国まで漢字崇拝が牢固として揺るがなかったことが、明治維新前後に湧き起こった国語改革の主張を生み出すこととなった。西欧の物質的な文化水準や国民教育の程度の高さに加え、武力を背景とした外交関係での優位をいやというほど見せつけられたからである。

漢字一辺倒で日本語の書記にも不自由さを自覚していては、国民皆学・富国強兵もままならないとの意識が「国語問題」解決を近代国家の重要な政策課題に組み込ませることとなった。漢字を制限するというアイデアもそうした流れのなかで登場したのである。この主張が言語政策として一応の実現を見たのが、昭和二十一年（一九四六）・二十三年（一九四八）の当用漢字とその音訓表である。昭和二十六年（一九五一）には、「戸籍法施行規則」が改正され、それにより常用平易な文字の範囲に「人名用漢字別表」に掲げる漢字が追加されることとなった。その後、人名用漢字の字種が増加する歩みを示すが、この事情については円満字二郎『人名用漢字の戦後史』に詳しく述べられている。人名用漢字は常用漢字表と違って漢字の字種の制約はあっても、音訓の面では何の定めもなく、今に至るまで野放し状態のままである。法務省と文部省（文部科学省）という立場の異なる省庁が縦割り行政を維持し、緊密な整合性をもとうとしなかったことに起因するように思う。これまでに例示した苗字や名前で読めないものが多いのは、個人の学力不足に帰するわけに行かないものなのである。

個人の名前は「書き易さ」と「読み易さ」という条件を満たしていることが望ましい上に、「好字」で、ほどほどの「顕示」力があることも求められる。個人の識別は番号でも可能であろうが、もっと印象に残る好感や連想をもたらすものの方が選択される。それは目立つ、他とは異なることへの傾斜でもあるが、極端に進めば、他に例がないという「珍奇さ」「奇矯さ」の実現になってしまう。名をつける側の意識に、できるだけ個性的な名前をつけたいという強い願望・意欲もあったから、文字を制限されたことによって文字そのもので個性を表現することが通常のやり方では実現しにくくなっていることで、制限のない読みの分野でその願望・意欲を満足させようとしたわけである。それで、現在の特殊な、掟破りともいうべき読みの出現となったのであろう。

読み方が特殊すぎて簡単には読めない名前や、他の名前と間違えられやすい名前、男女の別がつけにくい名前などは、社会に容易に受け容れられるという機能面についてだけ考えると、決して望ましいものとは言えない。しかし、できるだけ個性的な名前をつけたいという願いがあることや、名づけに用いたいという思いを抱く漢字が制限されている現状の中で、最大限願望を満たすために工夫・案出された「手」であることを考えると、同情の余地はある。ただ、個別に同情してばかりいては、日本語に採用している漢字のシステムが、この分野を出発点としてめちゃめちゃに壊れて行く、そうした危険性も孕んでいることを忘れてはならない。

本書で主として取り上げたことは、固有名の表記についてまわる特殊な現象ではあるが、この領域に無関心でいることは、現代の漢字使用に大きな領分を占めている表記と音訓の関係の新たな展開に目をふさぐことになる。漢字については、古訓や字音の系譜的研究、慣用音の定着についての追究など、きわめて豊富な蓄積をもっている。しかし、「名乗り字」の範囲を逸脱した新たな訓の創出や誤解に基づく字音の使用については、十分な注意が向けられているとは言えない。創出や使用の実態の把握と、その背後にある人間の心理の解明に、専門家だけに限らず、名前に関心を寄せるすべての人によって、論議が深められることを期待したい。

日本語と名前の行方——エピローグ

奇妙奇天烈な名をつけた親はおそらく自分らしさを持った個性的な名づけをしたと、自認自足していることであろう。しかし、現実には、それが名前としてちゃんと読んでもらえない、陰で舌打ちをするというような反発さえ生んでいる。つまり十全な機能を果たし得ていないのである。それは何に由来するか。ここからは今後検証の必要なことであって、推測の形で述べるに留まる。

私は東北地方の三県で三十七年間学校教育に関与してきたが、生徒や学生の名前を「正しく」記憶することでは、人並みに苦労している。見た目には平凡でも、読みの予想がはずれたり、画数が多く記名するのに面倒を感じるにもかかわらず、字音読みの形で案外大人になったら堂々と名乗れそうな「立派な」名前がつけられていたりと、さまざまな名前に出会ってきた。その教員としての印象から言うのだが、反発を覚悟の上で言えば、それは親の教養、ないしは彼らが属している階層・環境による。伝統的な文化にさして違和を覚えず、従来通りの文化を享受することのできる、保守的富裕層と、自分の居場所を模索し、価値観に「個性的」というマークを刻印せずにはおれない新興勢力の層とは、分極化が著しい（三浦展《あつし》『下流社会』に示唆的な記事がある）。若い人々の中でも、読めない名前に抵抗感を抱く者もいれば、これぞ新しい名づけとして歓迎する者もいる。この違いは、都会では先に挙げた二つの階層の違いに重なると予想される。しかし、地方でも、奇妙な名はつけられるが、階層の違いとは、まだ考えにくい。つまり、中央の名づけの流行として十把《じっぱ》一絡《ひとから》げに受けとめられており、富裕な教養層の拒否反応のような意識が観察できないのである。ローカルな側に、タイムラグ、意識のギャップがあると見られるのである。

芝野耕司編著『JIS漢字字典』（日本規格協会、平成九年〈一九九七〉、「増補改訂」版＝平成十四年〈二〇〇二〉）という世評にも上る書物も登場したが、もし、その字典に示す名乗りがすべてオーソライズされるようならば、これが単なる名乗りの見当をつけるための検索用字典であるにとどまらず、名乗り字引としての新しい権威となるであろう。しかし、その名乗りの妥当性の検証はまだ十分になされたとは言えないと見られるし、また名乗りというものがそうしたオーソリティとは関わりなく存在し得る性格を解消したわけではないのであるから、我々が予想もし得なかったような「音」「訓」が産出される余地は十分あると考えられる。

最後に、プロローグに紹介した地方紙に掲載された二〇〇六年十月十九日付の新生児名二百五名分から、私が「困惑」した例を列挙して、人名表記の異常さが進展を止めていない状況を示すことにする。

01陽翔（はると）　02夢真（ゆうま）　03菜結（なゆ＊）　04心羽（こはね＊）　05虹色（こいろ＊）　06深紅（みく＊）　07恵将（けいと）　08叶芽（かなめ＊）　09陽向（ひなた）　10叶夢（とむ）　11大陸（りく）　12星来（せら）　13遥斗（はると）　14唯愛（ゆあ＊）　15想良（そら）　16実穂（みのり＊）　17希海（のぞみ＊）　18蓮乃（れの）　19梨音（りのん＊）　20楓乃音（かのん＊）　21優羽（ゆう）　22夢歌（むう＊）　23咲海（さみ＊）　24亮良（あきら）　25咲凛愛（さりあ＊）　26姫菜（ひな＊）　27楓海椰（ふみや）　28美生（みう＊）　29璃琳愛（りりあ＊）　30瑠生（るい）　31絢心（あみ＊）　32彩世（さよ＊）　33千鳳（ちほ＊）　34乃愛（のあ＊）　35優翔（ゆうと）　36結良（ゆら）　37天星（たかとし）

38伶（りょう） 39愛結奈（あゆな＊） 40結凪（ゆうな＊） 41脩留（しゅうと） 42愛葵（まき＊） 43叶望（かのん） 44歩優（あゆう） 45勇吹（いぶき） 46逞（たくま） 47結那（ゆな＊） 48優亜（ゆあ＊） 49真桜（まお＊） 50七虹（ななこ＊） 51大翔（ひろと） 52稟（りりか＊） 53伶生（れお） 54光翔（ひろと） 55彩楽（さら＊） 56楓彩（ふうさ＊） 57希和（まや＊） 58琉月（るな＊） 59彩羽（いろは＊）

（＊印を附したのは女児）

もはや取るべき手だては二つ。一つは音訓の制限を明確に設けること（これは今となっては遅すぎようし、反発も大きいと思われる）。いま一つは、振り仮名をつけることを強力に推し進めることである。ルビを附することは今まであくまでも補助手段と考えられてきたが、人名がこうまで野放しでは、「読めない」ことのデメリットが大きすぎるから、改める手段としては考慮されてもいいだろう。ただし、それで自由な音訓を認めたとなると、「個性派」の跋扈《ばっこ》跳梁《ちょうりょう》による漢字システムの破壊は一層進むものと見られる。いま、われわれは日本語をどうするかという根本とつながるところで、困難な局面に立たされているのである。

あとがき

日本人の名前には「壁」がある、というのが実感である。漢字を用いることで、どう書くか、どう読むかが絶えず問われ、正しく呼ばれない、読まれない、あるいは書かれないということが、軋轢《あつれき》を生じる。正しく呼べない、読めない、あるいは書けない方にも、それなりのストレスを生み出している。名前には、命名者の思い入れもあるから、不用意に非難がましい発言はできない面もある。「なんだ、これは？」とちょっと漏らしただけで、自分の「傑作」にケチをつけられた気分になって、恨んだり、不愉快になったりする人がけっこう多いのである。

現実に読みにくい名前や強く違和感を覚えるような名前に接した場合、摩擦をさけるためには、相手を尊重し恨みを買うようなことはあえて言わないのが「大人」のとる態度だということになるかもしれない。しかし、そうした態度をとったからといって、その

「壁」を乗り越えることができるわけではない。ある人を同定する役割が名前の基本的な機能であるのに、それが十全に果たせていないのである。名前がその人らしさを示す標識であり、その人のアイデンティティーを構成する一要素のように考えられている風潮のなかで、この壁の問題は依然未解決のまま放置されているのである。問題を直視し、できる限り迅速かつ適切な対策が講じられなければならないと思う。

声に出して読めない名前の現状と来歴について、漢字表記あるいは音訓と絡めて眺めてみようというのが本書の意図であった。十分に達成できているかどうか心許ないが、読者諸賢の好意的な読み込みを期待したい。

本書の中核をなしている部分は、平成十年（一九九八）に国立国語研究所で開催された「文字・表記研究会」で行った「『名乗り字』の逸脱／『名乗り字』からの逸脱」という発表に基づいている（本書では一般の読者のために、かなり手を入れた）。この方面について目を向ける機会を与えてくださった当時の同研究所室長石井久雄さん（現在同志社大学教授）に感謝したい。

また、この活字化された「『名乗り字』からの逸脱」（『国語史論究』第八集）を読んで、書籍の形にすることを勧めてくださった吉川弘文館編集部の宮川久さんには、あのようなものにまで目配りをして読んでいたのかと驚きもし、畏敬の思いを禁じ得なかった。三十二年ぶりの豪雪に見舞われ、体調も思わしくない時期でもあることを口実に、原稿の執筆を遅々として滞らせていた時期にも、我慢強く出来上がるまで待っていただいた。最初の読者として、いろいろ示唆を与えていただいたが、もし幸いに読み易くわかり易いものになっているとしたら、氏のおかげである。心からお礼を申し述べたい。

読みにくい名前がなぜ増えたかという問題に、曇りなく答えが出せたとは、正直思っているわけではない。その点では羊頭狗肉《ようとうくにく》のそしりを受けることがあるかもしれない。しかし、そもそも読みにくい名前は、日本語を書記する文字として漢字を使い出した当初から宿命として存在したし、過去の文献に現れる名前を自信を持って読めない事情は、ほぼ一貫して存在したと思われる。読むのに不安を抱いた場合の方策として採られてきたのが、名を字音読みするという手段であったが、これは、他称される場合に限らず、自称する場合にまで広がりを持ち、他称の場合には尊敬や親愛の情を込めた使用という面も窺える。重宝といえば重宝この上ない便法であった。ところが昨今の名前の漢字表記は、この字音読みという「逃げ」を許さない読みにくさを生じているということで、突出したものとなりつつある。この点に特に関心を寄せてほしいという思いを、本書では述べてみたかったのである。

なお初校の段階で、加藤麻美「女性の名前の変遷から見る本土と沖縄の意識差」(『沖縄フィールド・リサーチI』秋田大学教育文化学部　二〇〇六年度日本・アジア文化調査実施報告書)を目にした。丹念によく調べてあり、沖縄の特異性を浮き彫りにしている。本書の触れ得なかった点を補うものとして一読を奨めたい。

最後に、面倒な編集の実務に当られた永田伸さんに謝意を表したい。

二〇〇七年四月

佐　藤　稔

参考文献

吉田澄夫『名まえとその文字』文部省、一九五一年（のちに、吉田澄夫「名前とその文字」文化庁国語シリーズ『漢字』一九七四年）
坂田　聡『苗字と名前の歴史』歴史文化ライブラリー211、吉川弘文館、二〇〇六年
鈴木棠三『言葉と名前』秋山書店、一九九二年
杉本つとむ『江戸の女ことば』創拓社、一九八五年
杉本つとむ『女のことば誌』雄山閣出版、一八九五年
波平恵美子「名前と身体と「個人」」『からだの文化人類学』大修館書店、二〇〇五年
宮良當壮「八重山の人名及び屋号」及び「糸満の人名及び屋号」『宮良當壮全集15』第一書房、一九八一年
桑原祐子『正倉院文書の国語学的研究』思文閣出版、二〇〇五年
＊以下の論考を収載
「女性名構成要素女性名の構成要素「―メ」の表記」（初出、『萬葉』一三九号、一九九一年）
「男性名構成要素「―マロ」の表記」（初出、『叙説』二一号、一九九四年）
「同名異表記（一）―造東大寺司四等官の場合―」（初出、『国語国文』六六巻八号、一九九七年）
「同名異表記（二）―「ウマカヒ」の場合―」（初出、『森重先生喜寿記念　ことばとことのは』、一九

九九一年）
森山　隆『上代国語の研究　音韻と表記の諸問題』桜楓社、一九八六年
＊以下の論考を収載
「万葉集所出人名の通用表記について」『文学論輯』二二、一九七五年三月
「上代人名の略記について」『文学論輯』二三、一九七六年三月
「奈良時代の人名表記に反映した上代仮名遣─その混用例について─」『文学論輯』二四、一九七七年三月
「大宝二年戸籍記載の人名について─長幼の序列表記私見─」『文学論輯』二八、一九八一年三月
「養老五年下総国大嶋郷戸籍人名の方処的性格」『文学論輯』二九、一九八二年三月
角田文衛『日本の女性名　歴史的展望』国書刊行会、二〇〇六年（もと角田文衛『日本の女性名─歴史的展望─』全三巻、教育社、一九八〇─八八年）
佐藤喜代治『漢語漢字の研究』明治書院、一九九八年
佐藤喜代治「日本の人名の歴史」『言語生活』三〇二号、一九七六年十一月
寿岳章子『日本人の名前』大修館書店、一九七九年
新野直哉「名乗り字一覧」『漢字講座6　中世の漢字とことば』明治書院、一九八八年
遠藤好英「命名と漢字・仮名」『漢字講座4　漢字と仮名』明治書院、一九八九年
村上雅孝「人名の漢字」『漢字講座11　漢字と国語問題』明治書院、一九八九年
伊勢貞丈『貞丈雑記　1』東洋文庫　四四四、平凡社

『古事類苑　姓名部』（特に「名」〈上・中・下〉）吉川弘文館
池上禎造『漢語研究の構想』岩波書店、一九八四年
　＊以下の論考を収載
「名乗字」『国語・国文　吉沢義則博士喜寿記念特輯』一九五二年十月
「漢字と日本の固有名詞」『懐徳』第四六号、一九七六年十月
矢島玄亮『和漢古書目録法の知識』萬葉堂書店、一九七六年
井之口有一『明治以後の漢字政策』日本学術振興会、一九八二年
文化庁『国語施策百年史』ぎょうせい、二〇〇六年
笹原宏之『日本の漢字』岩波新書、二〇〇六年
阿辻哲次『「名前」の漢字学』青春出版社（青春新書）、二〇〇五年
円満字二郎『人名用漢字の戦後史』岩波新書、二〇〇五年
武光　誠『名字と日本人』文春新書、一九九八年
子安宣邦『漢字論　不可避の他者』岩波書店、二〇〇三年
添田建治郎『愉快な日本語講座』小学館、二〇〇五年
工藤力男「当世奇名辞典―言語時評・十二―」『成城文藝』第一九六号、二〇〇六年九月
田原広史「人名」『日本語学』第一〇巻六号、一九九一年六月
本田明子「赤ちゃんの名付け」『日本語学』第二四巻一二号、二〇〇五年十月
明治安田生命「生まれ年別の名前調査」（http://www.meijiyasuda.co.jp/profile/etc/ranking/）

著者紹介

一九四六年、秋田県に生まれる
一九七五年、東北大学大学院文学研究科博士課程単位取得
現在、秋田大学教育文化学部教授

主要著書・論文
秋田のことば(共著)　「擬製漢字(国字)小考」(『国語と国文学』九〇五、一九九九年)

歴史文化ライブラリー
236

読みにくい名前はなぜ増えたか

二〇〇七年(平成十九)八月一日　第一刷発行

著　者　佐《さ》藤《とう》　稔《みのる》
発行者　前田求恭
発行所　株式会社　吉川弘文館
東京都文京区本郷七丁目二番八号
郵便番号一一三—〇〇三三
電話〇三—三八一三—九一五一〈代表〉
振替口座〇〇一〇〇—五—二四四
http://www.yoshikawa-k.co.jp/
印刷＝株式会社 平文社
製本＝ナショナル製本協同組合
装幀＝マルプデザイン

歴史文化ライブラリー

1996.10

刊行のことば

現今の日本および国際社会は、さまざまな面で大変動の時代を迎えておりますが、近づきつつある二十一世紀は人類史の到達点として、物質的な繁栄のみならず文化や自然・社会環境を謳歌できる平和な社会でなければなりません。しかしながら高度成長・技術革新にともなう急激な変貌は「自己本位な刹那主義」の風潮を生みだし、先人が築いてきた歴史や文化に学ぶ余裕もなく、いまだ明るい人類の将来が展望できていないようにも見えます。このような状況を踏まえ、よりよい二十一世紀社会を築くために、人類誕生から現在に至る「人類の遺産・教訓」としてのあらゆる分野の歴史と文化を「歴史文化ライブラリー」として刊行することといたしました。

小社は、安政四年（一八五七）の創業以来、一貫して歴史学を中心とした専門出版社として書籍を刊行しつづけてまいりました。その経験を生かし、学問成果にもとづいた本叢書を刊行し社会的要請に応えて行きたいと考えております。

現代は、マスメディアが発達した高度情報化社会といわれますが、私どもはあくまでも活字を主体とした出版こそ、ものの本質を考える基礎と信じ、本叢書をとおして社会に訴えてまいりたいと思います。これから生まれでる一冊一冊が、それぞれの読者を知的冒険の旅へと誘い、希望に満ちた人類の未来を構築する糧となれば幸いです。

吉川弘文館

〈オンデマンド版〉
読みにくい名前はなぜ増えたか

On Demand
歴史文化ライブラリー
236

2018年（平成30）10月1日　発行

著　者　佐藤《さとう》　稔《みのる》
発行者　吉川道郎
発行所　株式会社　吉川弘文館
〒113-0033　東京都文京区本郷7丁目2番8号
TEL　03-3813-9151〈代表〉
URL　http://www.yoshikawa-k.co.jp/

印刷・製本　大日本印刷株式会社
装　幀　清水良洋・宮崎萌美

佐藤　稔（1946～）

ISBN978-4-642-75636-5